本书系 2015 年山东省教学研究课题（批准号：2015YB0220）、2019 年山东省基础教育教学改革项目（批准号：3714034）研究成果之一

小学数学概念思维能力教学研究

孟庆云　著

山东大学出版社
SHANDONG UNIVERSITY PRESS
·济南·

图书在版编目（CIP）数据

小学数学概念思维能力教学研究／孟庆云著. —济南：山东大学出版社，2021.11
ISBN 978-7-5607-7247-9

Ⅰ.①小… Ⅱ.①孟… Ⅲ.①小学数学课-教学研究 Ⅳ.①G623.502

中国版本图书馆 CIP 数据核字（2021）第 237239 号

策划编辑　张彩芸
责任编辑　张彩芸
封面设计　王秋忆

出版发行　山东大学出版社
社　　址　山东省济南市山大南路 20 号
邮政编码　250100
发行热线　（0531）88363008
经　　销　新华书店
印　　刷　济南乾丰云印刷科技有限公司
规　　格　720 毫米×1000 毫米　1/16
　　　　　13.75 印张　247 千字
版　　次　2021 年 11 月第 1 版
印　　次　2021 年 11 月第 1 次印刷
定　　价　42.00 元

如果你想让教师的劳动能够给教师带来乐趣，使天天上课不至于变成一种单调乏味的义务，那你就应当引导每一位教师走上从事研究这条幸福的道路上来。

——苏霍姆林斯基

序一

PISA 2021数学测评框架首次提出8项21世纪技能，强调在技术环境下测评学生的计算思维，在现实情境中测评学生的数学推理和数学建模等数学素养。这启示我们，数学教育要以真实情境和实际问题为载体展开数学问题解决教学。① 其实，我国著名数学家和数学教育家史宁中教授，至少在5年前就提出，数学核心素养达成目标就是积累数学活动经验：会用数学的眼光观察现实世界，会用数学的思维思考现实世界，会用数学的语言表达现实世界。② 我认为史宁中先生提出的这“三会”，其实是培养学生用数学概念与方法去思维的习惯。因此，数学教学要注重引导学生能够在实际生活中学习数学，培养学生的数学思维，引导学生能够用数学方法观察与分析生活中的问题。这应该是学生数学素养的最好体现与评价方式。

我不是研究数学教学的，上述学习体会是与孟庆云老师交流大概念教学理念方法过程中的收获。孟老师研究数学教育教学的执着精神，不折不扣地折射出了“亚圣”孟子所张扬的“舍我其谁”的浩然之气。作为一名县级小学数学教研员，孟庆云老师多年来基于一线教师的需要和困惑，进行培养小学生数学概念思维能力的研究，以实现数学核心素养、课程标准、课堂教学的有效对接。在山东省教育科学研究院访学期间，她不仅加强了理论系统学习研究，还结合当前“双减”形势需要，又针对数学学习的本质、课前教师应该怎样备课、课堂上怎样展示学生习得过程和课后如何评价课堂教学效果等进行设计和梳理，最终成就了这部书稿。本书从理论到实践，为数学教师量身定做了一套基于理论反思实践、基于实践提炼智慧的数学课堂教学改革

① 参见张晨璐、武小鹏：《特点与启示：PISA 2021数学测评框架的新发展》，《教育测量与评价》2020年第12期。

② 参见廖辉辉、史宁中、朱丹红：《数学基本思想、核心素养的内涵及教学》，《福建教育》2016年第Z6期。

操作指南。

数学的基本方法是抽象思维方法，但是如果教师将抽象后的结果直接教给学生，学生学习的只是抽象的结论，运算速度再快，学生学到的不是数学思维方法，而是解题方法，难以获得真正的数学素养。最近，在山东师范大学的一个课题论证会上，我见到了研究数学教育的张丽博士，她也曾是我院的访问学者。我们谈到数学的大概念教学，她赞同这样的主张：数学很重要，这是一个普遍的共识，科技进步需要大量的数学人才。从概率学角度来看，想要让更多的人才脱颖而出，加大数学教育的人口基数是最有效的方法，于是数学成为全世界每一个孩子的必修课。但是，大部分人在离开系统的数学教育后，能保留的数学知识就只剩下四则运算了。我们做的数学题、上的数学课到底有什么用呢？我们应当尝试着给数学学习找到一些理由，比如，数学直接决定着人类的宇宙观，数学的发展深刻影响着我们的价值取向，从而使数学教育对于小学生个体的塑造发挥更加至关重要的作用。我非常赞同张丽博士的观点，如果教师基于数学大概念，引导学生经历数学概念的抽象过程，让学生通过思考得出数学概念，这才是杜威所主张的思维层面“真知识”的学习过程，也就是史宁中先生指出的数学经验的积累过程。因此，所谓的“数学大概念教学”，要像孟子主张的那样，教师要先“立乎其大”，给学生搭建隐藏数学问题的生活实际情境，使学生能够在发现数学概念和应用数学概念中学习数学，主动思考，在解决问题中学习推理和运用分析模型，不断积累数学经验，从而养成用数学“看”生活的思维习惯，这应该是习得数学素养的有效路径。当前，义务教育数学课程标准虽然还没明确提出数学学科“大概念”的说法，但是强调了十个核心概念，倡导加强不同学段、不同学期之间的纵向联系和单元内部的横向联系，这已经体现出大概念的教学导向。孟老师紧抓空间观念这一条主线，以“图形与几何”领域的内容为载体，开启小学数学概念思维能力教学研究，这是相当有前瞻性的。

孟庆云老师基于学科大概念的教学实践研究，未必能够解决每位小学数学教师教学的全部问题。但是，其研究倡导以十大核心概念为主导进行课程设计，是符合课程改革方向的，可以说是达成课程最高目标的可行性路径。其实，大概念教学的目的，是使学生学会运用概念思维进行学习，引导学生把众多的小概念编织成一个有核心的结构化概念网络。概念是构成数学基础知识的重要内容，是学习其他数学知识的基础，小学生学习数学最先接触到的必然是相应知识的数学概念。教师能够从学生的生活现实和生活经验出发，由学科大概念到数学概念课型，引导学生积累数学经验，学会数学方法，再推及其他课型，从而逐步树立数学思维习惯。这种从宏观到微观的研究方法，对于一线教师和教研人员有相当的使用价值。

孟庆云老师这本著作，以教学实践为逻辑设计体例，结构清晰，前后呼应，非常有利于数学教师在教学实践中借鉴。上篇是纵向研究，针对空间观念进行主题式梳理。空间观念是核心概念，统领众多具体学习内容，在教学中是以层级的形式呈现的，为使学生在数学学习中实现螺旋式上升、层级性攀爬，教师课前对所教内容有整体性、系统性、结构性的认识，方便教师从中发现“图形与几何”领域教学的共同特点，抽象概括出来，有利于学生形成“空间观念”的学科大概念。中篇是横向研究，针对不同课型进行课时梳理，搭建从学科核心素养到课程标准、从课程标准到课堂教学的桥梁。本书以概念课型为例，采用框架式结构，提纲挈领地对一至六年级典型的概念课型进行梳理，不仅使教师清楚掌握本课时的课程目标、应落实的核心素养，而且使教师清楚掌握培养学生概念思维能力的教学策略。提纲挈领式的课型梳理纲举目张，是本书的一大看点。“八横三纵”的教学设计模板，对课型梳理、教学模式和课堂教学评价标准进行有效对接，实现了课前、课上、课后的纵向连接，也真正把课前备课、课堂教学、课堂教学效果评价融为一体，为教学评一体化奠定基础。孟老师结合曹才翰、蔡金法先生的概念形成的七个步骤和杜宾斯基的四个阶段“APOS 理论”，依据课型特点，进一步研发了相应课型的“四步”教学模式。虽然五种课型的模式不同，但都在努力展示学生概念思维的培养过程，简便易操作，颇为一线教师着想。这应该是本书的另一大看点。

此外，本书还从引领学生学习角度出发，创新式地设计数学教学过程性评价方法。孟庆云老师潜心研究近十年，教学与学习的评价也是其研究的一个重要环节。这一环节的研究经历了由初期到成熟、再到完善的变化，由研究之初以督促、导向为主的测试，到以分析数据、调整研究方向为主的测评，再到诊断性、阶段性的跟进式测评，最终形成以检测、完善研究成果为主的测试，并逐步递进到以“提高学生在新情境下解决问题的能力”为支点的测评，有效地促进了培养学生的数学概念思维能力教学的开展，促使以数学概念思维为中心的教、学、评三环节真正实现了一体化。例如，书中的三位一体评价标准包括教师教的标准、学生学的标准和课堂教学评价标准，依据“四步”作为评价指标，进行课堂教学过程和效果的评价，以此检测课程目标的达成度。这反映孟老师将评价重心转移到课堂学生学习过程与教师教学过程的评价，促进每位学生在最近发展区的区间上得到实质性的发展，真正实现教学评一体化。

孟子曰："仁义礼智，非由外铄我也，我固有之也。"与孟老师接触仅仅数月时间，我在分享她研究成果的过程中，对当下大概念教学在数学学科领域的应用与实践，有了深刻的认识，同时也一直被一名基层学科教研人员执着的研究精神与工作担当精神所感动着。这是一本既有高端前沿的理论引领，又有接地气的实践问题导向的研究成果，不仅为一线数学教师提供了深入理解课程标准的方法论，也为数学课程设计和教学实施提供了课前备课、课堂上课、课后评价的系统化操作指南。我们有理由相信，此书不仅能够催生崭新课堂教学的创造，而且还会逐渐探索出适合区域数学教师发展的培养模式，从而促进"以学定教"理念的深入落实，引领一线教师逐步走向在学科教科研中享受专业发展幸福的道路上来！

2021 年 11 月

（李文军，博士，现任山东省教育科学研究院副院长、山东省教育学会秘书长，曾任山东省教育科学研究所所长、山东省教育社总编辑、《中国教育报》驻山东记者站站长等职）

序二

近年来，平原县教育和体育局高度重视教科研工作，把其作为推进教师专业发展、办好人民满意的基础性工程来抓，在德州市创新地推行教研员驻校办公、音体美学科测试，创造了一大批可复制、可推广的教科研经验和亮点，连续多年获得全市教科研工作一等奖。孟庆云同志的《小学数学概念思维能力教学研究》是我县学科教科研的一颗璀璨“明珠”，是以她为代表的平原县众多数学骨干老师近十年来的改革创新成果。

孟庆云同志撰写的《小学数学概念思维能力教学研究》一书即将出版，我倍感欣慰。数十年如一日的坚持，忙碌程度可想而知，但她乐此不疲，这应该就是研究的魅力所在吧。庆云同志为人和善，做事认真。我目睹她的专业成长过程，因业务能力突出，被选拔到县教研室任数学教研员，2017 年任教科所所长。她带领团队，针对小学数学教师不能充分理解课程目标、学生不能有效形成概念思维这一真问题，以 2013 年德州市重点课题、2015 年山东省教学研究课题《小学数学标准建设研究》、2019 年山东省基础教育教学改革项目《基于核心素养下的小学数学课堂教学标准建设研究》为依托，在心理学、教育学、学科教学等理论引领下采取实证研究，探索出一套培养小学生数学概念思维的课堂教学改革操作指南。

苏霍姆林斯基说过：“如果你想让教师的劳动能够给教师带来乐趣，使天天上课不至于变成一种单调乏味的义务，那你就应当引导每一位教师走上从事研究这条幸福的道路上来。”这一点在庆云同志身上体现得淋漓尽致。每学期伊始，她会根据本学期的研究计划，深入课堂听课、调研，根据课堂教学中发现的问题，从教师、学生两个层面进行检测，统计、分析数据后撰写分析报告。前 6 年，她带领全县数学教师开展十大核心概念的纵向研究，从宏观层面建构数学概念思维；后 3 年，为推广完善其研究成果，又开展横向课型研究，从微观层面建构数学概念思维。这种纵横交错、从宏观到微观的研究方式，不断推进“小学数学概念思维能力教学研究”从理论到实践，再从实践到理论，最终结出丰硕的成果。

该课题最主要研究成果就是课型梳理、教学设计模板、“四步”教学模式和教、学、评三位一体的课堂教学评价标准，完整呈现小学生概念思维的培养过程，为教师培养学生的数学概念思维能力提供了课前、课上、课后的系统化教学依据。我在一次听庆云同志评课时，通过她的解读及在课堂教学中的应用现状分析，发现该研究成果对青年教师而言，犹如指路明灯，能促进其快速成长。目前，我县小学数学教师课前都会系统学习课型梳理表，备课都用教学设计模版，上课用“四步”教学模式，过程性评价均采用评价标准，总结性评价都注重数据的整理与分析，形成了我县小学数学教研工作的系统化格局，有力地促进了青年教师的专业化发展。2020 年 12 月，德州市教科院为我县举办《基于核心素养下的小学数学课堂教学标准建设研究》德州市成果推进会，会上展示了概念课型、运算课型、规律课型三种课型的典型课例，项目组对相应课型进行了标准解读，得到了德州市教科院谢志平副主任、各兄弟县市数学专家、全市数学教师的高度好评。当时参会人数线上线下高达 6 万余人，覆盖面之广，参与度之高，影响之大，有力地证明了该研究成果已得到了全市教育同仁的认可。

细品此书，本书依据《义务教育数学课程标准（2011 年版）》和《普通高中数学课程标准（2017 年版）》，系统展示我县多年的研究成果，无论您身处城市学校还是乡村学校，此书的研究方法对创新数学教学模式、提高数学课堂效率都具有重要参考价值。我相信此书还会为您研究修订后的《义务教育数学课程标准》带来启发。

2021 年 11 月

（李光泽，现任山东省平原县人大常委会副主任，曾任平原县教育和体育局党组书记、局长）

目录

没有理论支撑，我不敢坚持

2012年6月，德州市平原县教师要在山东省小学数学研讨会上执教一节公开课，这是我刚刚担任小学数学教研员的第一项工作，好在执教教师曾获山东省优质课一等奖，对数学教学颇有研究，但毕竟是我第一次带领团队磨课，还是打磨山东省公开课，所以比较忐忑。

首先确定课题，执教教师选择青岛版三年级上册第五单元信息窗2《两位数除以一位数的笔算》。这节课是典型的运算课，根据三年级学生逐渐从形象思维向抽象思维过渡的特性，教学中以小棒为直观模型，让学生通过动手操作，清楚地呈现除法分的过程，为竖式提供支撑，直观形象地反映除法的算理，体现数形结合的思想。可想而知，如果这节课能实现以上预设效果，我们的课就相当成功了。

第一次磨课，我召集全县各单位的数学骨干教师参与课例打磨，可见对这节课的重视程度。磨课时群策群力，交流研讨逐渐走向深入，但在摆小棒和列竖式如何有效对接这一问题上，磨课团队出现了严重的分歧，因此成为我们研讨的重点。

课堂教学时，执教教师先让孩子们用小棒分一分：63÷3，孩子们出现了下面两种操作方式：一是先平均分6捆，再分3根；二是先平均分3根，再分6捆。执教教师肯定这两种分法都很好，继而启发学生把刚才分小棒的过程用竖式表示出来，这是数学抽象的重要培养过程，更是理解算理的过程。然后展示部分学生的竖式：

$$\begin{array}{r} 21 \\ 3\overline{)63} \\ 63 \\ \hline 0 \end{array} \qquad \begin{array}{r} 2 \\ 3\overline{)63} \\ 63 \\ \hline 0 \end{array} \qquad \begin{array}{r} 1 \\ 3\overline{)63} \\ 3 \\ \hline 0 \end{array}$$

① ② ③

分析以上竖式：

①学生没有分小棒的过程，只是根据二年级的经验，列出竖式。

②学生先分的整捆，分单根时商的位置出现了困惑。

③学生先分的单根，分整捆时商的位置也出现了困惑。

针对①②两种情况，执教教师指导学生在理解算理的基础上完善竖式的书写过程，在这个过程中教师有效培养了学生的数学抽象能力，彰显执教教师的教学实力。然而对于③，执教教师却视而不见。于是我提出异议：③的情况在课堂上已经出现，这种列竖式的方法也正确，为什么不予处理？执教教师强烈反对，原因有三：一是与除法应从高位算起矛盾，二是与红点 2 的 32÷2 矛盾，三是从教这么多年没有出现过这种情况。

毕竟我的从教经历和磨课经验也存在不足，而执教教师曾获得山东省优质课一等奖，我不敢确定我的想法是否正确，但我相信我的直觉。我认为③出现的原因有以下两点。一是学生会根据加法、减法、乘法从个位算起这一方法，通过类比推理，认为除法竖式也是先从个位算起。二是学生的个性存在极大的差异，部分学生可能先分单根，再分整捆，按这种分法的话除法竖式先从个位商起。接下来学习红点 2 时，如果学生还是先分掉 2 根，再分掉 2 捆，剩下的 1 捆还需再分，这样就会分 3 次。如果先分整捆再分单根，2 次即可分完。这两种分法相比较，分 2 次简便，即先分高位上的数字简便，这就是除法竖式先从高位算起的算理。数学课堂上，如果学生经历这样真实有效的交流碰撞，不仅能明白除法竖式为什么要从高位算起，还能深刻体会数学的简捷美。

因此，在磨课过程中，我一再坚持自己的想法，但大多数教师都认为从教这么多年没有出现过这种情况，毕竟姚老师去执教省级公开课，所以我选择了放弃，还是走常规的教学路子吧！

无巧不成书！执教教师的课虽然没有掀起太大的波动，但正常发挥，也是一节相当不错的数学课，我很欣慰。可是接下来东营一位教师，执教的是同一节课，学生就出现了先分 3 根，列竖式时在个位商了 1 这种情况，这简直就是我的思路再现！教师及时抓住了这一点，生成竖式，效果可想而知，会场掀起了高潮。

这件事至今让我耿耿于怀，是什么原因让我不能坚持自己的思路？面对课堂教学中学生的生成，该如何有效处理，我缺少理论支撑。直到我研读《皮亚杰教育论著选》时，豁然开朗，因为他提出了一个适度新颖原则。照他看来，引起好奇心，不完全决定于东西的物理特性，而要看它和主体过去的经验如何，决定于主体经验。[①] 依据此理论，再次分析③，执教教师说的“从没出现过”这个说法太过于绝对，③的出现与否取决于学生的主体经验。分析如下：一是小学生从一年级加减法竖式的形成到这节课两位数除以一位数的笔算（竖式）的除法，教师一直在引导学生把操作小棒的过程用竖式表示出来，即学生有从小棒形成竖式的经验；二是三年级学生有加法、减法、乘法的笔算（竖式）从个位算起这一学习经验。基于以上两项经验，学生通过类比推理，先分掉 3 根小棒，再分掉 6 捆，这种分法用竖式表示就是③。如果课堂上没有出现③，原因也有三：一是学生存在个性差异，先分整捆再分单根；二是学生从小棒到竖式的经验没有有效建立；三是学生在学之前已经充分预习，看到教材上是先从高位算起。如果当时我用这样的分析过程说服教师，执教教师以此为知识生长点，利用生成资源，引导学生得出竖式的书写过程，然后到第二课时 32÷2 时，如果学生出现先分掉 2 根，再分掉 2 捆，剩下的 1 捆还需要再分，这就出现了麻烦，相应地，在写竖式时，个位上的商就得擦掉重写，让学生经历如此真实的认知冲突的解决过程，除法要从高位算起的算理何谈探究不深入呢！

自此，我深知教研中的话语权是要自己争取的。因此，一方面我深入学习研究理论知识，由数学专业理论到心理学、教育学理论，由郑毓信先生的《数学教育哲学》到维果茨基的《思维与语言》，从陶行知的“教学做合一”到《皮亚杰教育论著选》，努力提高自己的理论修养，使自己的每一个观点都能找到背后的理论支撑；另一方面我深入课堂教学，高度关注学生的课堂生成，用手机及时拍下学生的课堂作品，用以作为引导教师以学情定教学的有力依据。由此，我翻开了教研的新篇章，在理论支持下关注课堂、关注学情，逐渐形成“以学定教”的个人主张，激励我在小学数学教研的道路上不断前进！

---

① 参见［瑞士］皮亚杰：《皮亚杰教育论著选》，卢濬选译，人民教育出版社 2015 年版，第 6 页。

绪论：基于数学大概念教学的研究

《义务教育数学课程标准（2011 年版）》中新增“发现问题和提出问题的能力”，这是从培养学生的创新意识和创新能力考虑的。作为教师，更要与时俱进，善于从课堂教学中发现和提出问题，进行教学研究，不断优化自己的教学，使之满足培养创新性人才的基本要求。爱因斯坦曾说：“提出一个问题往往比解决一个问题更重要。”对于教师而言，这个问题尤为重要，因为它决定着教学研究能否走向持续和深入。

本书的研究源自一次数学视导，在《圆柱的侧面积和表面积》课堂教学中发现真问题，经过实际调研，找准研究点：“如何培养学生的空间观念?”空间观念作为小学数学十大核心概念之一，体现在小学阶段的“图形与几何”领域，培养过程需要系统化、层层递进，实现螺旋式上升。因此，我从空间观念这个核心概念出发，基于数学大概念教学，进行小学数学概念思维能力教学研究。历经 9 年，不仅将十大核心概念在课堂教学中具体落实，而且基于核心素养，研究了小学数学的五种课型，总结概括出小学生数学概念思维能力培养的课堂教学模式。为检测此模式的可行性，进行反复测评，逐渐走向了教学评一体化的研究道路，最终形成了“以学定教”的个人教学主张。因此，提出一个值得研究的真问题，能引领我们走向研究之路。

第一节　学生空间观念与思维能力发展

在一次《圆柱的侧面积和表面积》的课堂教学中，我发现学生动手操作活动不深入，继而不能准确理解圆柱展开图前后的关系。课后寻找原因，发现教师没能充分理解本节课的课程目标，因此学生的学习目标不能有效达成，致使学生不能由形象思维有效地过渡到抽象思维，从而不利于学生思维能力的发展。

一、课堂中发现真问题

2014年春季的一次视导，一位教师执教青岛版六年级下册第二单元信息窗2《圆柱的侧面积和表面积》时，教师先让学生动手操作圆柱的展开图，然后课件演示，但是这两个环节都不深入，学生看似学会了，实则不会。当教师提问“底面周长和高相等时圆柱的侧面展开图是什么图形?”学生回答长方形。教师一脸困惑，怎么会出现这样的回答?

（一）研读课程标准，为问题寻找依据

课后点评时，我迅速带领教师研读课程标准。本信息窗的课程目标在《义务教育数学课程标准（2011年版）》中共涉及两处，分布在第二学段（4~6年级）第二部分“图形与几何”领域的“图形的认识”和“测量”中，具体检索如下。

1. 图形的认识

图形的认识：“通过观察、操作，认识圆柱的展开图。”① 这里的“认识”在《义务教育数学课程标准（2011年版）》中等同于描述结果目标的行为动词“理解”。具体含义为：描述对象的特征和由来，阐述此对象与相关对象之间的区别和联系。

通过分析，课时目标的真正含义是：学生通过观察、操作，描述圆柱展开图的特征和由来，阐述圆柱展开图和圆柱侧面的区别和联系。

2. 测量

测量：“结合具体情境，探索并掌握圆柱的表面积的计算方法，并能解决简单的实际问题。”② 这里的“探索并掌握”是《义务教育数学课程标准（2011年版）》中的两类行为动词。“探索”是描述过程目标的行为动词，具体含义为：独立或与他人合作参与特定的数学活动，理解或提出问题，寻求解决问题的思路，发现对象的特征及其相关对象的区别和联系，获得一定的

---

① 中华人民共和国教育部：《义务教育数学课程标准（2011年版）》，北京师范大学出版社2012年版，第23页。

② 中华人民共和国教育部：《义务教育数学课程标准（2011年版）》，北京师范大学出版社2012年版，第24页。

理性认识。“掌握”是描述结果目标的行为动词，具体含义为：在理解的基础上，把对象用于新的情境。“探索并掌握”在本节课中即学生在参与动手操作的实践活动中，发现圆柱的展开图和侧面积、表面积之间的区别和联系，并在新的情境下会解决简单的实际问题。

经过以上研究，足以说明学生通过操作，探索圆柱侧面展开图是课堂教学必须达到的课程目标。而在课堂教学中教师未能充分理解这一目标的内涵，致使学生动手操作不深入，不理解沿圆柱的高剪开前后的关系。因此评课教师一致认为：动手操作在这节课尤为重要，课堂上必须让学生动手剪一剪，展一展，观察沿高剪开前后的关系，才能理解圆柱侧面积的计算方法，这是由形象思维向抽象思维过渡的关键阶段，如果错失了这一阶段的有效培养，学生就不能依据直接经验来准确判断出当底面周长和高相等时圆柱的侧面展开图是正方形。

（二）研读教材，找准知识的生长点

研读完课程标准，继而研读青岛版教材。从单元整体入手，首先是信息窗 1 的自主练习第 3 题，这是一道卷纸筒的操作性题目，可以让学生先卷一卷再交流，为信息窗 2 学习圆柱的侧面积做铺垫。

再看信息窗 1 的自主练习第 4 题，这是培养学生想象能力、建立空间观念的题目。练习时，可以让学生按照图中所示，沿高剪开，初步认识圆柱和圆锥的侧面展开图。

经过研究，信息窗 1 的第 3 题、第 4 题已经为信息窗 2 学习圆柱侧面积做了铺垫。再次研读信息窗 2，通过创设“做一个这样的圆柱形纸筒，至少需要多少纸板”的具体情境，使学生经历操作、猜想、验证等数学活动过程，探索并掌握圆柱的侧面积、表面积的计算方法，并能用圆柱表面积的计算方法解决实际问题。

以上说明在信息窗 2《圆柱的侧面积和表面积》学习之前，教材就引导学生通过动手操作，初步感知圆柱的侧面展开图和圆柱的关系，其目的就是使教师意识到动手操作的重要性。然而授课教师课前没能充分理解本节课的课程目标，致使学生不能完成本节课的学习目标。

（三）跟进式调查，检测后续影响

这一知识点没能有效掌握是否对后续学习有影响呢？接下来，我对县域

部分七年级的学生进行调查，题目如下：

如图，有一个圆柱，高为6cm，底面周长为16cm，在圆柱下底面的A点有一只蚂蚁，它想吃到上底面B点处的食物，则沿着圆柱的表面需要爬行的最短路程是________cm。

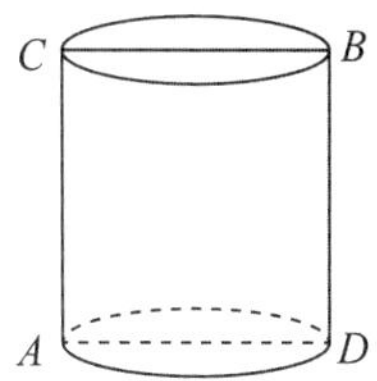

这是典型的平面展开时最短路径问题，是在充分理解圆柱展开图的基础上计算最短路程。可是抽测结果不尽人意。这再次说明了六年级圆柱侧面展开图的重要性。针对这一知识点，是否全县学生都存在以上问题？于是我进行了两次实际调研，力求通过整理数据、分析调研结果，将视导中出现的问题落到实处。

二、两次调研，找准研究点

（一）第一次调研

2014年5月，全县小学数学知识应用活动从小学六年级中抽取数学素质良好的720名学生。考察题目如下：

如图，一块长方形铁皮，利用图中的阴影部分刚好做一个油桶（接头处忽略不计）。求这个油桶的容积。

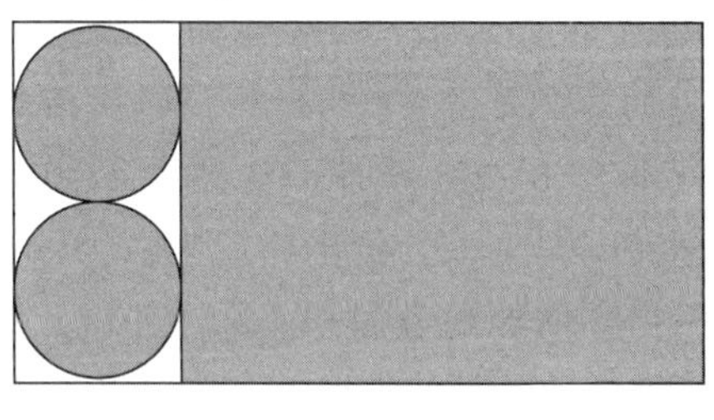

第一次调研结果（见图0-1）统计：参加活动的720名学生，竟然有223人出错，出错率达30.97%。分析出错原因：①部分学生没有思路；②有的学生求出半径，找不到圆柱的高。

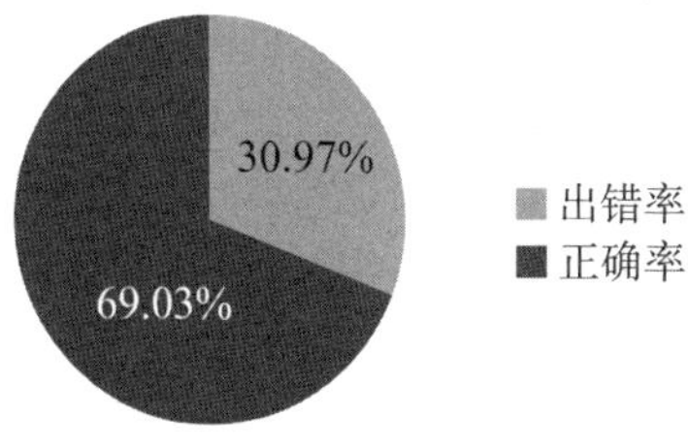

图0-1　第一次调研情况统计图

这道题是在青岛版六年级下册教材第22页第5题、第11题的基础上进行改编的，目的是考查圆柱侧面展开图的掌握情况。

这两道练习题是学完本信息窗之后的基本练习，设计意图是进一步加深学生对圆柱展开图的认识。第11题是表面积的变式练习，首先根据圆柱展开图能想象出底面周长和高是多少，然后明确长方形的面积就是围成的圆柱的侧面积，最终求出圆柱的表面积。因此第一次的调研试题没有超出学生的学习能力，但实际难度不到0.7，学生的出错率之高，说明我们的教学有问题。

追本求源，本节课从实践操作中获得直观感知是多么重要！圆柱展开图是三维图形和二维图形相互转换的一个重要载体，也是实现三维图形和二维图形转换的一个非常有效的方式，而三维图形和二维图形的相互转换是小学生空间观念的一个重要体现。由此，本节课的学习是发展学生的空间观念，这是课程目标的最高体现，那么，学生空间观念培养得如何呢？我进行了更大规模的第二次调研。

（二）第二次调研

2014年6月，全县小学六年级毕业水平测试中，有一道题目如下：

把一个高3分米的圆柱底面平均分成若干个扇形，然后把圆柱切开，拼成一个与它等底等高的近似长方体，长方体的表面积比圆柱的表面积增加60平方分米，原来圆柱的体积是多少？

第二次调研结果（见图0-2）统计：全县共4290名小学毕业生，竟有2185人出错，出错率达50.93%。分析出错原因：①没有空间观念，无从下手的学生约占三分之一；②增加的表面积是哪儿不懂，即增加的是长方体哪个面的面积分不清；③怎样求半径的方法不会，思路混乱不清晰。

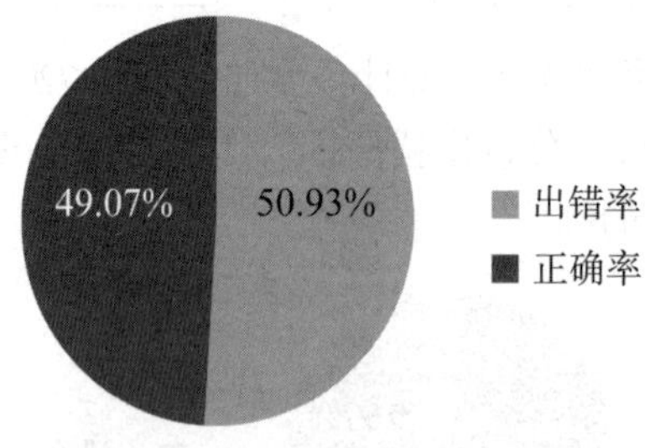

图0-2 第二次调研情况统计图

此题考查圆柱的体积。对于圆柱的体积，《义务教育数学课程标准(2011年版)》是这样阐述的：结合具体情境，探索并掌握圆柱体积的计算方法。这就要求学生经历圆柱体积的探索过程，理解圆柱转化成长方体后与原来圆柱的区别和联系，这正是培养学生空间观念的关键环节。纵向分析两次调研结果，进行比较（见表 0-1、图 0-3 和图 0-4）。

表 0-1　两次调研情况统计表

	调研人数（人）	出错人数（人）	出错率	正确率
第一次调研	720	223	30. 97%	69. 03%
第二次调研	4290	2185	50. 93%	49. 07%

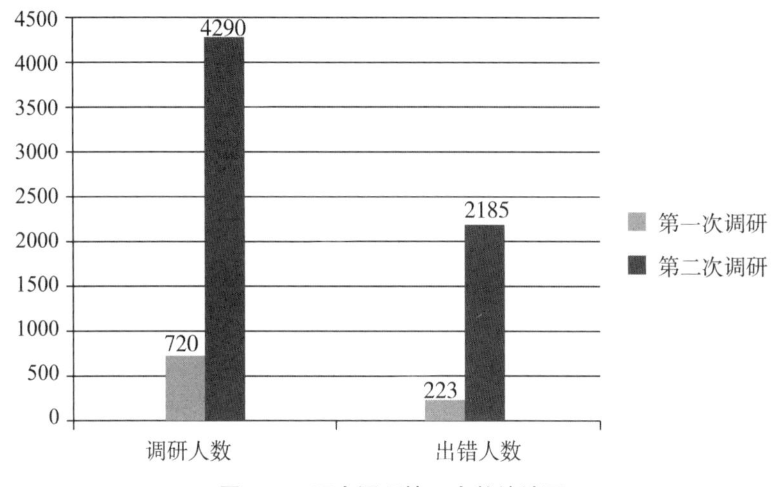

图 0-3　两次调研情况人数统计图

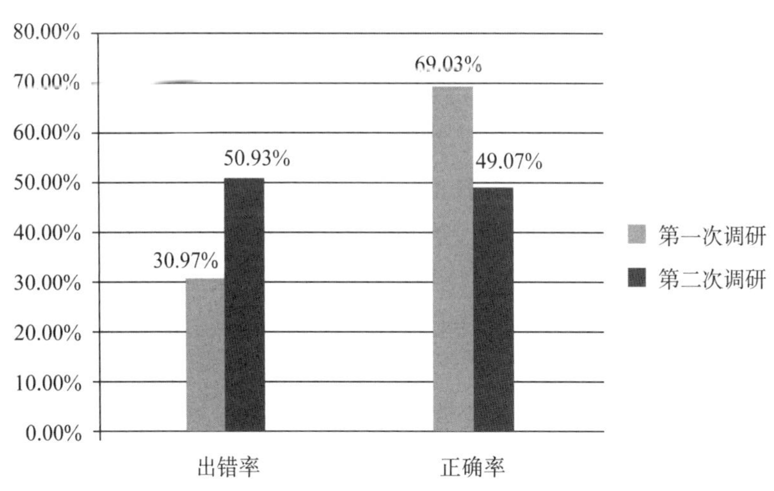

图 0-4　两次调研情况占比统计图

一是调研人群不同。第一次调研是数学素质良好的 720 名学生，目的是想查找圆柱展开图学不好的原因，是学生的能力问题，还是教学设计出了问题，调查结果显示是教学设计出了问题；第二次是全县全体六年级小学生，目的是想查找出现以上问题是区域性的教学出了问题，还是全县普遍存在的问题，调查结果显示是全县普遍存在问题。

二是调研题目的知识点由小到大，落实课程标准呈现层次化。第一次调研主要是圆柱展开图这个知识点，根据圆柱展开图的相关数据推理求出圆柱的底面半径和高，然后求出圆柱体积，这是二维和三维之间的转换，有利于培养学生的空间观念，出错率达 30.97%，说明教学时没有充分利用二维和三维的转换来培养学生的空间观念。第二次调研主要是考察圆柱体积的推导过程，此过程正是落实学生空间观念的关键所在，出错率达 50.93%，说明全县各单位在落实培养学生空间观念方面存在着严重的不足。

两次调研，足以说明我县教学存在的问题不是简单的圆柱侧面展开图的问题，而是小学数学“几何与图形”领域中“空间观念如何培养”的问题。空间观念是小学数学十大核心概念之一，要想解决这个问题，必须寻找合适的方法或途径，这样才能在课堂教学中有效完成课程目标。

三、学生思维能力发展

《义务教育数学课程标准（2011 年版）》中明确提出，作为促进学生全面发展教育的重要组成部分，数学教育既要使学生掌握现代生活和学习中所需要的数学知识与技能，更要发挥数学在培养人的思维能力和创新能力方面的不可替代的作用。

《普通高中数学课程标准（2017 年版）》指出：“数学教育承载着落实立德树人根本任务、发展素质教育的功能。数学教育帮助学生掌握现代生活和进一步学习所必需的数学知识、技能、思想和方法；提升学生的数学素养，引导学生会用数学眼光观察世界，会用数学思维思考世界，会用数学语言表达世界；促进学生思维能力、实践能力和创新意识的发展，探寻事物变化规律，增强社会责任感；在学生形成正确人生观、价值观、世界观等方面发挥独特作用。”①

现代数学教育观念还认为，数学是研究模式的科学，是思维和推理的形式和方法。② 按照这种观点，数学教学就需要注重发现和解决问题，反映在

① 中华人民共和国教育部：《普通高中数学课程标准（2017 年版）》，人民教育出版社 2018 年版，第 1~2 页。

② 参见李士锜编著：《PEM：数学教育心理》，华东师范大学出版社 2001 年版，第 19 页。

《义务教育数学课程标准（2011 年版）》中：通过义务教育阶段的数学学习，学生能体会数学知识之间、数学与其他学科之间、数学与生活之间的联系，运用数学的思维方式进行思考，增强发现和提出问题的能力、分析和解决问题的能力。

既然思维能力在数学教育中起如此重要的作用，那么能否从提升学生思维能力入手开展研究，促使课程目标的有效达成呢？

人们在工作、学习、生活中每逢遇到问题，总要“想一想”，这种“想”，就是思维。它是通过分析、综合、概括、抽象、比较、具体化和系统化等一系列过程，对感性材料进行加工并转化为理性认识来解决问题的。我们常说的概念、判断和推理是思维的基本形式。无论是学生的学习活动，还是人类的一切发明创造活动，都离不开思维，思维能力是学习能力的核心。

回顾《圆柱的侧面积和表面积》的课堂教学，教师未能充分理解课程目标，对学生造成的影响是不能准确理解圆柱展开图展开前后的关系。其实质表现是，未能有效对感性材料进行加工并转化为理性认识来解决问题，即学生的思维能力得不到有效提升。两次调研，进一步证实我县空间观念的培养存在问题，要想解决这个问题，首先要充分理解空间观念的准确含义，继而找到解决问题的可行性方法。

第二节　小学数学大概念教学研究的缘起

空间观念在《义务教育数学课程标准（2011 年版）》中是这样提出的：“在数学课程中，应当注重发展学生的数感、符号意识、空间观念、几何直观、数据分析观念、运算能力、推理能力和模型思想。为了适应时代发展对人才培养的需要，数学课程还要特别注重发展学生的应用意识和创新意识。”①空间观念作为小学数学十大核心概念之一，足见其重要性。

① 中华人民共和国教育部：《义务教育数学课程标准（2011 年版）》，北京师范大学出版社 2012 年版，第 5 页。

一、空间观念的含义

《义务教育数学课程标准（2011 年版）》中提出：“空间观念主要是指根据物体特征抽象出几何图形，根据几何图形想象出所描述的实际物体；想象出物体的方位和相互之间的位置关系；描述图形的运动和变化；依据语言的描述画出图形等。”① 这反映了空间观念的本质内涵，从关键词入手，具体理解如下。

抽象：从许多事物中，舍弃个别的、非本质的属性，抽出共同的、本质的属性，叫抽象，是形成概念的必要手段。几何图形就是从实物中抽象出的各种图形，生活中到处都有几何图形，我们所看见的一切都是由点、线、面等基本几何图形组成的。学生的几何学习要经历对现实物体的感觉和知觉的过程，并在这一过程中逐步舍弃了物质属性，对其形状、大小和位置等进行抽象和概括，进而获得相应的表象，建立几何概念。可见，抽象是学生建立几何概念过程中最基本的思想方法。

想象：想象是一种特殊的思维形式，是人在头脑里对已储存的表象进行加工改造形成新形象的心理过程。小学生在数学活动中，以头脑中形成的表象为基础，展开想象和推理，才能真正发展自己的空间观念。因此，根据几何图形想象出所描述的实际物体，想象出物体的方位和相互之间的位置关系等就成为学生几何学习过程中最重要的思维形式，而这种借助表象展开想象的能力是学生空间观念的重要表现形式。

描述：描写叙述，运用各种修辞手法对事物进行形象化的阐述。这里的“描述”可以是用语言进行描述，也可以是用图形进行描述。小学生在学习和探索图形的运动和变化时，让学生在探索和理解“变”与“不变”的过程中，抽象出图形运动的方式，并能借助已经形成的表象描述物体的运动和变化，这既是空间观念的重要表现形式，也是发展学生空间观念的重要途径，更是图形的运动和变化学习内容的价值所在。

画出：依据语言的描述画出图形。在这个过程中，小学生同样需要借助表象和已有的经验进行数学的思考。因此，依据语言的描述画出几何图形也是空间观念的重要表现形式。

---

① 中华人民共和国教育部：《义务教育数学课程标准（2011 年版）》，北京师范大学出版社 2012 年版，第 6 页。

以上是从关键词入手，深刻理解空间观念的含义，对于小学一线教师而言，只有把空间观念与教材紧密结合，才能真正理解其含义。

二、以教材为载体，理解空间观念

我县使用青岛版六三制数学教材，所以以下教材举例均采用此版本。

第一，根据物体特征抽象出几何图形，根据几何图形想象出所描述的实际物体。我们可以简单理解成这样的关系（见图 0–5）：

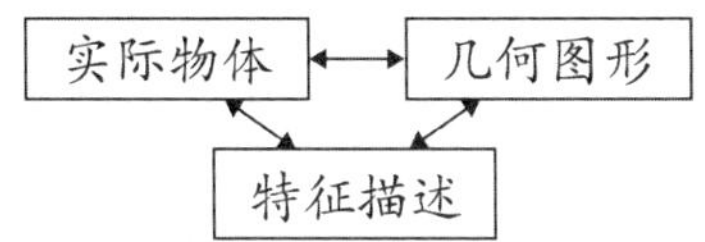

图 0–5　实际物体、几何图形与特征描述的关系

在实际教学中，例如认识长方体、正方体、圆柱和球时，都是将牙膏盒、魔方、易拉罐、足球等具体的物体去掉物质的属性，如质量、颜色等，抽象出长方体、正方体、圆柱和球，或者由几何图形想象出物体的形状和大小，抑或是根据展开图想象几何体的形状，这个过程其实就是把握实物与相应的几何图形、几何体与其展开图之间的相互转换关系，这不仅是一个思考的过程，也是一个实际操作的过程。无论是做立体模型还是画出图形，都要在头脑加工和组合的基础上，通过实际尝试和动手操作来实现。这种重现能使几何基于直观的表象、联想和特征得到实实在在的表示，使空间观念从感知发展上升为一种可以把握的能力。几何体及其侧面展开图是实现三维图形和二维图形转换的一个非常有效的方式，教师在课堂教学时充分利用三维图形和二维图形的相互转换，能有效培养学生的空间观念。①

第二，想象出物体的方位和相互之间的位置关系。方位与学生的实际生活是紧密相连的，这是个体对空间能力把握的一个重要体现。从一年级的认识左右、二年级的认识方向到五年级的方向与位置的有关课程对于发展小学生的空间观念有着重要的作用。小学生若想正确表述现实生活中的方向、位置、距离，就需要感知方位并掌握物体之间的相互位置关系，这都是培养学生的空间观念。

---

① 参见王光明、范文贵主编：《新版课程标准解析与教学指导 · 小学数学》，北京师范大学出版社 2012 年版，第 63 页。

第三，描述图形的运动和变化。平移、旋转、轴对称、放大和缩小是描述图形的运动和变化的重要学习内容。三年级的平移和旋转是学生第一次接触，在观察生活现象中，从运动变化的角度来感受平移和旋转，而五年级则要求学生学习图形平移与旋转的方法，从而发展小学生的空间观念。

第四，依据语言的描述画出图形。这里提到的想象的空间是开放的，可以是具体的图形，也可以是具有某种大小或位置关系的一组图形等。用语言向别人描述积木块建筑的形状，就要抓住积木块之间的位置关系，是对方在看不到实物的情况下，通过你的叙述产生符合原形的直观想象。叙述和倾听都需要在逻辑上对图形关系进行分析与操作，准确、严谨地描述积木块建筑的形状，可能会由于人的能力的差异而有所不同，但这些描述中的共性，就可能会导致一些有规律的内容出现，这就是空间观念。① 小学阶段依据语言描述画出图形的主要内容包括画图表示学过的平面图形、组合图形、图形之间的关系，以及在方格纸上表示图形的位置、图形的运动和变化等。

综上所述，从课程标准和教材两方面理解了空间观念的深刻含义，作为十大核心概念之一，在课程标准中的作用如何呢？

三、核心概念在课程标准中的作用

十大核心概念在《义务教育数学课程标准（2011 年版）》的课程内容栏目下提出，表明这些概念不是超出数学课程内容的，而是蕴涵在具体的课程内容之中的上位概念。它们是学生在义务教育阶段数学课程中最应培养的数学素养，是促进学生发展的重要方面。

首先，核心概念是课程目标的支点，沟通了课程目标与具体数学内容之间的联系。《义务教育数学课程标准（2011 年版）》设计了知识技能、数学思考、问题解决、情感态度四个方面的课程目标，同时安排了“数与代数”“图形与几何”“统计与概率”和“综合与实践”四大领域的课程内容，然后又把这四大领域的课程内容分学段、分主题编排了众多的具体内容。如何把宏观的课程目标与众多具体的数学内容有组织地联系起来，因此产生了核心概念。核心概念介于课程目标与众多具体数学内容之间，是课程目标的落脚点。课程目标通过相关的核心概念得到比较清楚的描述，也通过相关核心概

① 参见孙晓天、孔凡哲、刘晓玫：《空间观念的内容及意义与培养》，《数学教育学报》2002 年第 2 期。

念的教学和形成得以实现。

其次，核心概念起着统领众多具体数学内容，导向其教育价值的作用。《义务教育数学课程标准（2011 年版）》提出的核心概念，有的主要体现在某一内容领域，有的体现在不同内容领域，有的超越课程内容，体现在整个小学数学课程中，如图 0-6：

第一层：{数感、符号意识、运算能力（数与代数）
空间观念（图形与几何）
数据分析观念（统计与概率）} 主要体现在某一内容领域

第二层：几何直观　推理能力　模型思想（体现在不同内容领域）

第三层：超越课程内容，整个小学数学课程都应特别注重培养学生的应用意识和创新意识

图 0-6　核心概念在小学数学课程中的体现

总之，每一个核心概念都有许多具体的数学内容，通过这些数学内容的教学才能使学生形成相应的核心概念，这也是数学教学的归宿。核心概念起着统领具体数学内容及其教学的作用，使众多数学知识之间不是割裂的，每个数学知识不是孤立的，而是相互联系、相互作用、相互影响的。核心概念的提出，一方面指出某个核心概念需要哪些数学知识，另一方面指出这些数学知识的教学应该形成哪个核心概念。因此，核心概念往往是一类课程内容的核心或聚焦点，有利于我们把握课程内容的线索层次，抓住教学中的关键，并在数学内容的教学中有目的地发展学生的数学素养。

如空间观念，它统领“图形与几何”领域的所有内容，包括图形的认识、测量、图形的运动、图形与位置四大主题，这四大主题又各有许多具体内容，如图形的认识主题包括长方体、正方体、圆柱和圆锥等几何体，长方形、正方形、三角形、平行四边形、梯形和圆等简单图形，认识角、了解直角、锐角、钝角、周角、平角及之间的大小关系，了解线段、射线、直线、平行、相交（包括垂直），从不同角度观察简单物体、能从不同方向看到物体的形状等内容。其他三个主题的具体内容在此不再赘述，如此众多的具体内容，怎样开展研究呢？

四、小学数学大概念教学研究的缘起

《普通高中数学课程标准（2017 年版）》中明确提出：“进一步精选了学

科内容，重视以学科大概念为核心，使课程内容结构化，以主题为引领，使课程内容情境化，促进学科核心素养的落实。”① 这奠定了大概念在课程教学中的地位。

（一）大概念

大概念的英文是“Big idea”，这里是“idea”而非“concept”，因此，也有学者翻译为“大观念”。大概念是指反映专家思维方式的概念、观念或论题，它具有生活价值。美国学者威金斯（Grant Wiggins）和麦克泰格（Jay McTighe）把大概念比作“车辖”。有了车辖，车轮等零部件才能组装起来，否则只能散落一地、毫无用处。威金斯特别指出，“大概念”的“大”的内涵不是“庞大”，也不是“基础”，而是“核心”。

大概念是具体与抽象之间的协同思维。《人是如何学习的：大脑、心理、经验及学校》（扩展版）一书中提到，专家思维是以大概念来组织的，但同时也指出“专家的知识常常镶嵌在应用的情境之中”。也就是说，大概念虽然表现为抽象的概念、观念或者论题，但它需要具体的案例支撑。大概念的建立经历了“具体→抽象→具体”的循环过程。从思维方式来看，也就是经历了归纳和演绎两种思维过程，先从多个具体的案例中抽象出大概念（归纳），再将大概念运用于新的具体案例中（演绎），而每一次演绎都进一步加深了对大概念的理解。②

美国学者埃里克森（Erik H. Erikson）认为，大概念是具体和抽象之间协同思维的结果，协同思维是大脑低阶和高阶处理中心之间的能量互通。实际上，日常生活中我们也重复这个过程，就是所谓的“经验总结”，被称为“日常概念”，经过科学论证的是“科学概念”。但无论是哪些概念，都经历了归纳和演绎的过程，因此大概念的形成过程正是思维能力的提升过程。

（二）大概念教学

在本书中，“大概念教学”中的“大概念”是“学科大概念”，是指向学科核心内容和教学核心任务、反映学科本质、能将学科关键思想和相关内容联系起来的最关键的概念。此处“学科大概念”中的“大”不是“多”的意

---

① 中华人民共和国教育部：《普通高中数学课程标准（2017年版）》，人民教育出版社2018年版，第4页。

② 参见刘徽、徐玲玲：《大概念和大概念教学》，《上海教育》2020年第11期。

思，相反，它少而精，抽象、概括。概念是思维的基本形式之一，反映客观事物的一般的、本质的特征。在认识过程中，人类把所感觉到的事物的共同特点抽出来，加以概括，就成为概念。由此，大概念的形成过程就是高度概念化的过程。所谓“概念化”就是人们把所感知的事物的共同本质特点抽象出来，加以概括，是自我认知意识的一种表达，形成概念式思维惯性，从而提升概念思维能力。

概念思维能力就是采用概念化的思维方式，对思维材料进行分析、整理、鉴别、消化、综合等加工改造，能动地透过各种现象把握事物内在实质联系，形成新的思想，获得新的发现，制定出新的决策，生成新的概念的能力。由上综述，概念思维能力的提升有助于把握事物的本质。

虽然 2014 年在课程标准中还没明确提出重视学科大概念，但十个核心概念的提出，已使大概念思想渗透在青岛版教材中，加强了不同学段、不同册次之间的纵向联系和单元内部的横向联系，核心概念所附着的知识点呈现出由易到难、由浅到深的进阶式学习形态。《义务教育数学课程标准（2011 年版）》体现了大概念的教学思路。

因此，为了把握课程内容的层次，使课程内容结构化，便于教师熟悉教材、学情，抓住教学中的关键，在数学教学中有目的地、系统化地发展学生的数学素养，我从空间观念这个核心概念出发，率先开启小学数学大概念教学的研究。其实大概念教学的目的，不仅是使学生把众多的小概念编织成一个牢固的概念网络，而且使学生学会运用概念思维进行学习。所以，本书从纵向的数学核心概念研究拓展到横向的数学概念课型研究，从宏观到微观，最终目的是培养小学生的数学概念思维能力，从而找到课堂教学中落实课程目标的有效途径。

上篇　核心素养与数学核心概念

2016 年 9 月 13 日，《中国学生发展核心素养》正式发布，标志着中国教育进入了“核心素养时代”。《义务教育数学课程标准（2011 年版）》提出了十大核心概念，而《普通高中数学课程标准（2017 年版）》明确提出六大核心素养，只有准确理解十大核心概念与六大核心素养，才能基于核心概念进行数学大概念的教学，才能开展小学数学概念思维能力教学研究。

此书的研究以维果茨基概念发展理论、皮亚杰和范希尔理论为依据，整体认知空间观念在小学数学教学中的体现，便于以主题形式梳理空间观念学习单元，从而总结归纳小学生空间观念的培养策略。为使培养策略落到实处，我们又研制了“三环”课堂教学流程和相应的评价标准，为后续的数学概念课型研究奠定了基础。

第一章　学生空间观念教学策略的研究

十大核心概念统领全部小学数学内容，空间观念作为核心概念之一，主要体现在“图形与几何”领域，这是在课堂教学中最先发现的问题，所以，本书从宏观层面，以空间观念为例，系统阐述研究过程，为另外九个核心概念的研究提供了研究思路。

第一节　核心素养与数学核心概念

当前核心素养的培养要求已经具体到学科、学段，本书中的核心素养具体是指数学核心素养。从《义务教育数学课程标准（2011 年版）》的十大核心概念到《普通高中数学课程标准（2017 年版）》的六大核心素养，经历了怎样的发展变化？十大核心概念与六大核心素养呈现怎样的关系？只有厘清这些内容，才能通过小学数学概念思维能力教学研究，使数学核心素养在课堂教学中真正落地。

一、国内核心素养产生的背景

为把党的十八大和十八届三中全会关于立德树人的要求落到实处，2014 年教育部研制印发《关于全面深化课程改革落实立德树人根本任务的意见》（教基二〔2014〕4 号），提出“教育部将组织研究提出各学段学生发展核心素养体系，明确学生应具备的适应终身发展和社会发展需要的必备品格和关键能力”。突出强调个人修养、社会关爱、家国情怀，更加注重自主发展、合作参与、创新实践。研究制订中小学各学科学业质量标准和高等学校相关学科专业类教学质量国家标准，根据核心素养体系，明确学生完成不同学段、不同年级、不同学科学习内容后应该达到的程度要求，指导教师准确把握教学的深度和广度，使考试评价更加准确反映人才培养要求。各级各类学校要从实际情况和学生特点出发，把核心素养和学业质量要求落实到各学科教学中。由此，让我们充分认识到全面深化课程改革、落实立德树人根本任务的重要性和紧迫性。

2016 年 9 月 13 日，《中国学生发展核心素养》总体框架正式发布，其内容如图 1-1 所示，充分反映新时期经济社会发展对人才培养的新要求，也是落实立德树人根本任务的一项重要举措，更是适应世界教育改革发展趋势、提升我国教育国际竞争力的迫切需要。

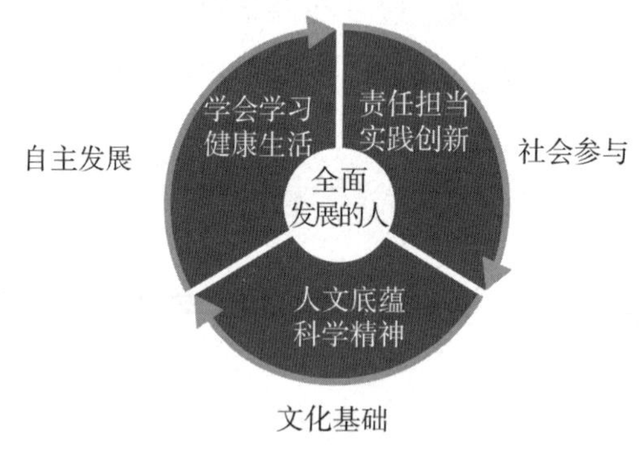

图 1-1　中国学生发展核心素养框架

《普通高中数学课程标准（2017 年版）》的颁布，标志着把核心素养和学业质量要求落实到数学学科教学中，开启了以数学学科核心素养为课程目标的新征程。

因此，将数学核心素养在课堂教学中真正落地，这是当前需要解决的问题。

二、国内外核心素养的发展历程

（一）国外核心素养的发展

1997 年 12 月，经济合作与发展组织（Organization for Economic Co-operation and Development，OECD）启动了“素养的界定与遴选：理论和概念基础”项目，简称素养界定项目（Definition and Selection of Competencies：Theoretical and Conceptual Foundations，DeSeCo），确定了三个维度、九项素养。

素养界定项目的整个研究思路就是首先确立核心素养的功能是实现个体

成功的生活和健全的社会，基于此分析社会的愿景和个人的生活需求，在此基础上研制核心素养的理论要素，集合多方观点，对此进行分类，最后形成一个具有三大类别、九项素养、彼此相互关联的核心素养体系。最终形成的核心素养的概念参照框架图如图 1–2 所示。

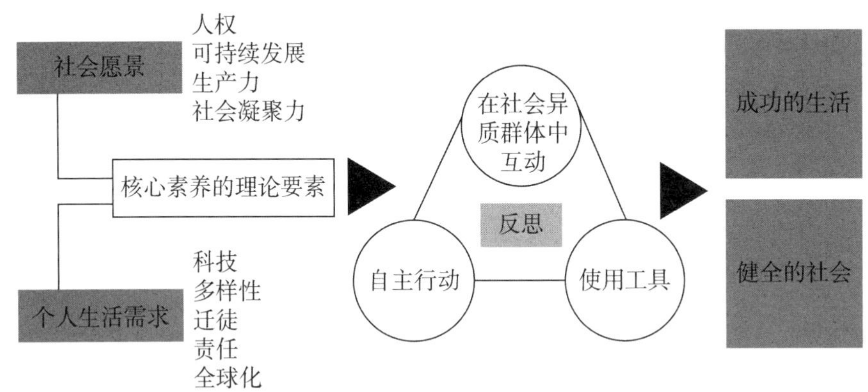

图 1–2　OECD 提出的核心素养概念参照框架图

在此框架下，学生应该形成的核心素养被概括为三大方面：互动地使用工具、自主行动和在社会异质团体中互动。OECD 将这三方面概括为人与工具、人与自己、人与社会。OECD 的素养界定项目对于世界各国建立核心素养模型影响深远。各个国家和地区都试图在本国、本地区的教育领域当中建立核心素养结构，以此来指导本国、本地区的教育实践，细化教育目标。①

2006 年 12 月，欧盟（EU）通过了关于核心素养的建议案，核心素养包括母语、外语、数学和科学技术素养、信息素养、学习能力、公民与社会素养、创业精神以及艺术素养共计八个领域，每个领域包括知识、技能和态度三个维度；这些核心素养作为统领欧盟教育和培训系统的总体目标体系，其核心理念是让全体欧盟公民具备终身学习的能力，从而在全球化浪潮和知识经济的挑战中能够实现个人成功和社会经济发展的理想。② 与其他国际组织相比，欧盟的核心素养法案提出时间虽然较晚，但体系却非常完整，为欧盟在知识经济中的全球竞争力提供了保障。

① 参见辛涛、姜宇、刘霞：《我国义务教育阶段学生核心素养模型的构建》，《北京师范大学学报》（社会科学版）2013 年第 1 期。

② 参见褚宏启、张咏梅、田一：《我国学生的核心素养及其培育》，《中小学管理》2015 年第 9 期。

2013年2月，联合国教科文组织（UNESCO）发布报告《走向终身学习——每位儿童应该学什么》。该报告基于人本主义的思想提出核心素养，即从“工具性目标”向“人本性目标”转变，使人的情感、智力、身体、心理诸方面的潜能和素质都能通过学习得以发展。在基础教育阶段，尤其重视以下七个维度的核心素养：身体健康、社交情绪、文化艺术、文字沟通、学习方法与认知、数字与数学、科学与技术。该项目构建了基础教育阶段学生应该达成的学习目标体系，对我国的基础教育发展有重要的启发意义。①

比较分析OECD、EU、UNESCO的核心素养框架，并将其按照OECD三个核心素养框架分类，如表1-1所示。

表1-1　OECD、EU、UNESCO核心素养结构的比较②

	人与工具	人与自己	人与社会
经合组织	互动地使用语言、符号和文本；互动地使用知识和信息；互动地使用（新）技术	与他人建立良好的关系；团队合作；管理与解决冲突	在复杂的大环境中行动；形成并执行个人计划或生活规划；保护及维护权利、利益、限制与需求
欧盟	母语交流；外语交流；数学素养；科学技术素养；信息素养	主动与创新意识；学会学习	社交和公民素养；文化意识与表达
联合国教科文组织	学会求知	学会发展；学会改变	学会做事；学会共处

（二）国内核心素养的发展

2013年年初，辛涛教授等人在《我国义务教育阶段学生核心素养模型的构建》中通过总结质量标准建立的需要，梳理国家宏观教育目标，分析当前国际形势，提出我国基础教育阶段学生核心素养的概念内涵、价值定位、遴

① 参见褚宏启、张咏梅、田一：《我国学生的核心素养及其培育》，《中小学管理》2015年第9期。

② 参见辛涛、姜宇、刘霞：《我国义务教育阶段学生核心素养模型的构建》，《北京师范大学学报》（社会科学版）2013年第1期。

选原则及建立学生核心素养模型的建议。[①] 这是我国关于义务教育阶段学生核心素养模型的构建进行的较早探索。

2013 年 5 月，北京师范大学林崇德教授带队承担的“我国基础教育和高等教育阶段学生核心素养总体框架研究”重大项目的启动，揭开了我国核心素养研究的新篇章。

2014 年 3 月，教育部正式印发了《关于全面深化课程改革落实立德树人根本任务的意见》（教基二〔2014〕4 号），提出“研究制订学生发展核心素养体系和学业质量标准”，这是国家层面的又一大革新。核心素养研究上升至国家层面，为核心素养研究的发展奠定了坚实的政治基础。

2016 年 9 月 13 日，《中国学生发展核心素养》正式发布，以科学性、时代性和民族性为基本原则，以培养“全面发展的人”为核心，分为文化基础、自主发展、社会参与三个方面，综合表现为人文底蕴、科学精神、学会学习、健康生活、责任担当、实践创新六大素养。这六大素养为具体培养学生的核心素养提供了可以遵循的评价标准。

从学生核心素养到学生的必备品格和关键能力，必须借助学科教学这一媒介。因此，学科核心素养是学生发展核心素养在学科中的具体化，是学科育人价值的集中体现，是学生学习该门学科后的期望成就。数学是一门基础学科，是我们生活、劳动和学习中必不可少的工具，所以，数学核心素养体系的建构至关重要。

三、国内外数学核心素养的相关研究

国际学生评估项目（Programme for International Student Assessment，简称 PISA）2012 年对数学素养的标准定义是：数学素养是个人在不同情境下形成、应用和阐释数学的能力。它包括数学推理能力和使用数学概念、过程、事实和工具来描述、解释以及预测现象的能力。它有助于个体作为一个关心社会、善于思考的建设性公民，识别数学在世界中所起的作用并作出有根据的数学判断和决定。[②] PISA 测试的核心是对素养的评价，因此 PISA 的实践经验对评价以及提升学生的数学素养有着重要的意义，也使得“数学素养”在

① 参见辛涛、姜宇、刘霞：《我国义务教育阶段学生核心素养模型的构建》，《北京师范大学学报》（社会科学版）2013 年第 1 期。

② 参见［澳］凯·斯泰西、罗斯·特纳主编：《数学素养的测评——走进 PISA 测试》，曹一鸣等译，教育科学出版社 2017 年版。

众多的概念界定中，PISA 的界定具有较为广泛的影响。

《义务教育数学课程标准（2011 年版）》明确提出："数学素养是现代社会每一个公民应该具备的基本素养。""在数学课程中，应当注重发展学生的数感、符号意识、空间观念、几何直观、数据分析观念、运算能力、推理能力和模型思想。为了适应时代发展对人才培养的需要，数学课程还要特别注重发展学生的应用意识和创新意识。"① 这十个核心概念是学生在义务教育阶段数学课程学习中最应具备的数学素养，是促进学生发展的重要方面。以下简称"十核"。

马云鹏认为，数学核心素养可以理解为学生学习数学应当达成的有特定意义的综合能力。核心素养基于数学知识技能，又高于具体的数学知识技能，它反映了数学本质与数学思想，是在数学活动过程中形成的，具有综合性、阶段性和持久性。②

《普通高中数学课程标准（2017 年版）》中，数学学科核心素养包括数学抽象、逻辑推理、数学建模、直观想象、数学运算和数据分析六部分。以下简称"六核"。这些数学学科核心素养既相对独立、又相互交融，是一个有机的整体。《普通高中数学课程标准（2017 年版）》正式出版，标志着数学学科核心素养的研究进入有据可依的时代。

四、聚焦方向，准确理解"十核"与"六核"

《普通高中数学课程标准（2017 年版）》指出："数学教育承载着落实立德树人根本任务、发展素质教育的功能。数学教育帮助学生掌握现代生活和进一步学习所必需的数学知识、技能、思想和方法；提升学生的数学素养，引导学生会用数学眼光观察世界，会用数学思维思考世界，会用数学语言表达世界……"③ 这"三会"本质上就是数学核心素养，是超越具体数学内容的数学教学目标④，也可以理解为中小学数学教育的终极目标。

关于"六核"与"三会"，孔凡哲、史宁中这样认为，"数学眼光"更多

---

① 中华人民共和国教育部：《义务教育数学课程标准（2011 年版）》，北京师范大学出版社 2012 年版，第 1、5 页。

② 参见马云鹏：《关于数学核心素养的几个问题》，《课程·教材·教法》2015 年第 9 期。

③ 中华人民共和国教育部：《普通高中数学课程标准（2017 年版）》，人民教育出版社 2018 年版，第 1~2 页。

④ 参见史宁中、林玉慈、陶剑等：《关于高中数学教育中的数学核心素养——史宁中教授访谈之七》，《课程·教材·教法》2017 年第 4 期。

地指向数学抽象、直观想象，“数学思维”更突出地表现为逻辑推理、数学运算，而“数学语言”更多地体现为数学模型、数据分析。这种理解恰恰基于数学自身的特殊性，亦即数学高度的抽象概括性（从而更具有一般性、普适性）、数学的严谨性和应用的广泛性。①

目前，我们中小学正在使用的《义务教育数学课程标准（2011 年版）》提出的是“十核”，而高中使用的《普通高中数学课程标准（2017 年版）》提出的是“六核”，“十核”与“六核”存在着怎样的关系呢？

小学数学教育界存在着不同的观点，但是总体上比较一致地认可高中数学核心素养的界定。马云鹏认为把“十核”作为义务教育阶段的数学核心素养是恰当的。曹培英提出了小学数学学科核心素养体系的一个初步框架。该框架由两个层面、六项素养组成，并借用三棱台模型加以直观呈现（见图 1-3）。②

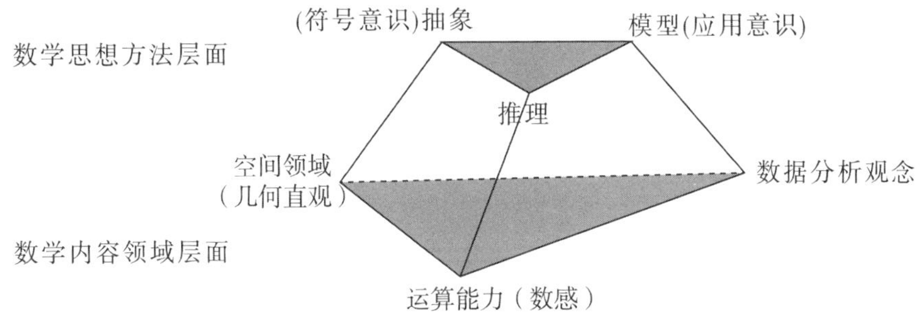

图 1-3 小学数学学科核心素养体系初步框架

这一模型沟通了《义务教育数学课程标准（2011 年版）》中的“十核”与《普通高中数学课程标准（2017 年版）》中的“六核”，“十核”中除创新意识外，其他九个核心素养在“六核”中均有所体现或被包含其中。例如小学阶段的直观想象主要表现为几何直观，而小学生几何直观的形成是以空间观念为基础的。

厘清了“十核”与“六核”的关系，沟通了《义务教育数学课程标准（2011 年版）》与《普通高中数学课程标准（2017 年版）》的理解，由此开启空间观念的研究。

---

① 参见孔凡哲、史宁中：《中国学生发展的数学核心素养概念界定及养成途径》，《教育科学研究》2017 年第 6 期。

② 参见曹培英：《小学数学学科核心素养及其培育的基本路径》，《课程·教材·教法》2017 年第 2 期。

第二节　维果茨基概念发展理论

心理学认为，概念是反映事物本质属性的思维形式。概念是人类在认识过程中，从感性认识上升到理性认识，把所感知的事物的共同本质特点抽象出来，加以概括，是自我认知意识的一种表达，可形成概念式思维惯性，是人类所认知的思维体系中最基本的构筑单位。

维果茨基（Lev Vygotsky）作为心理学家，提出了概念发展理论，这对数学大概念教学有着重要的启示。

一、自发性概念和科学概念

维果茨基认为有两种不同认知性质、不同认知水平的概念，分别是自发性概念和科学概念。自发性概念是指没有人刻意教的，有时学生自己还解释不清楚的。自发性概念的形成产生于自然发生的环境中，从具体的、实际经验的方面起步，通过若干次接触后概括成型，但不会用语言详细地描述，而且偏向于局部、个别的实例。学生会在一定场合下正确运用它，却不能自觉地、准确地把握。① 如自然数“11”，学生在入学前就会从 1 数到 11，并且能把具体的 11 个物体和“11”相联系，但是不会明确地把 11 看成是由 1 个十和 1 个一组成，因此也不会有十位、个位的概念，如图 1-4 所示。

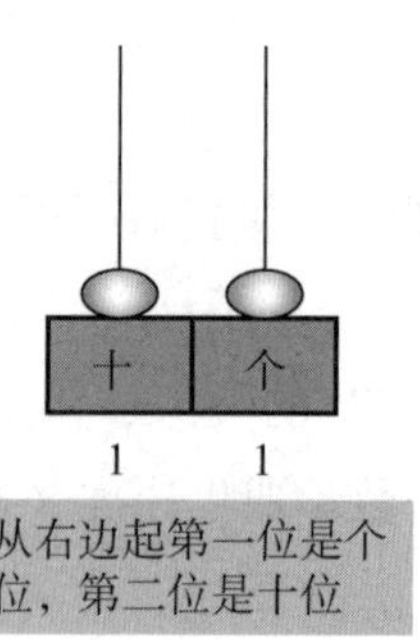

图 1-4　十位和个位

① 参见李士锜编著：《PEM：数学教育心理》，华东师范大学出版社 2001 年版，第 103~104 页。

科学概念则是定义明确的、精细的、有一定逻辑意义和体系属性的概念。我们在课程中所教的数学概念就是科学概念。① 如图 1-4 的十位和个位。

维果茨基区分这两种水平的概念，是为了更好地关注它们之间的联系，以利于在课堂教学中生成科学概念。瑞士著名心理学家皮亚杰（Jean Piaget）在他的儿童智慧发展理论中提出，儿童与成人思维的本质差别不是基础知识的少与多，而是思考问题的“结构”不同。进行教学就应关注这些学生认知发生的基础结构。如果皮亚杰的观点主要是指思维形式的话，那么维果茨基关于自发性概念的论述就更具体，直接涉及思考的内容了。在实际教学中，学生总有学习某个概念的基础，这个基础除了用来建构新概念的某些基本元素外，还有一定的整合性的知识起点，这就是维果茨基的自发性概念。在教学生认识科学概念的时候，我们不仅要正视自发性概念的存在，而且要积极发挥它的实践性、浅显性、通俗性等特点，帮助学生从自发性概念中去粗取精、去伪存真，从中抽象、概括出科学概念。② 如图 1-5 所示。

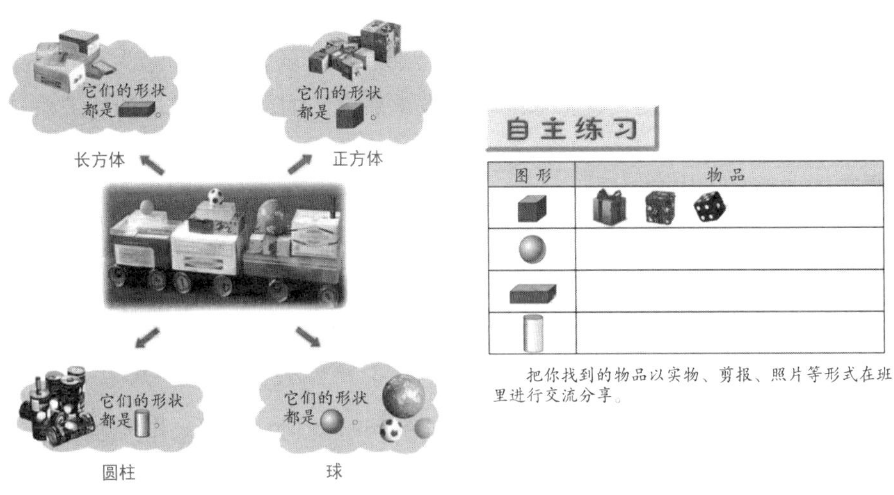

图 1-5 教学中针对“概念”的启发与练习

这是小学阶段“几何与图形”领域中图形的认识的起始单元。对于一年级学生而言，他们在生活中经常搭积木、或用各种物体进行拼搭等游戏活动，在这些活动中会接触到长方体、正方体、圆柱和球等各种形状的物体，对这些立体图形有较多的感知经验，只是这些经验是感性的。这就需要教师在课

① 参见李士锜编著:《PEM：数学教育心理》，华东师范大学出版社 2001 年版，第 103 页。

② 参见李士锜编著:《PEM：数学教育心理》，华东师范大学出版社 2001 年版，第 104、105 页。

堂教学中设计活动，引导学生对这些熟悉的物体进行分类，帮助学生抽象出各种物体的立体图形。自主练习的第 4 题就是根据图形寻找生活中的实物。这样，在整个学习过程中形成了“物—形—物”的思维过程，引领学生经历了概念形成的过程，从而发展学生的空间观念，有效完成课程目标。

二、最近发展区

以上实例实现了自发性概念和科学概念的理想结合，但对于这个结合，教师要把握好一个“度”，这个“度”就是维果茨基的最近发展区（zone of proximal development）。维果茨基针对自发性概念与科学概念的差别和联系，创造性地提出了一个非常有价值的心理学概念：最近发展区，它是指学生未经帮助能达到的程度与他经别人帮助后可达到的程度间所形成的跨度。这样的含义也可以理解为：儿童的自发性概念所能达到的水平与科学概念所要求的水平之间的区间。自发性概念与科学概念之间的影响和联系就发生在这个区间里。它正是教学工作要解决的问题的空间所在①，这就是本书后面所倡导的“以学定教”的根本所在。因此，我以维果茨基概念发展理论为指导，进行了长达 9 年的小学数学概念思维能力教学研究，力图通过本书的研究解决视导中发现的问题。

第三节　皮亚杰和范希尔理论的启示

进行小学数学大概念教学研究，除维果茨基概念发展理论作为强有力的理论支撑外，根据学生的年龄和认知特点、几何思维水平发展情况，还需两种理论作支撑。

一、皮亚杰的“认识起源于动作”

本书研究的起点是学习圆柱侧面展开图时发现的问题，圆柱侧面展开图是三维图形和二维图形之间的转换，这个转换过程不仅是一个思考的过程，也是一个实际操作的过程，这个过程正是培养小学生空间观念的一个重要体

① 参见李士锜编著：《PEM：数学教育心理》，华东师范大学出版社 2001 年版，第 106 页。

现。因此，寻找实践操作背后的理论支撑便显得尤为重要。

皮亚杰认为，认识起源于动作，认识是从动作开始的，动作在儿童的智力和认知发展中起着重要的作用。认知结构是逐步建构起来的，它发生的起点是主客体相互作用的唯一一个可能的联结点——活动（动作），而不是知觉。他认为婴儿是通过动作、实际摆弄物体而认知世界的。皮亚杰说思维就是操作，思维是内化了的动作——在头脑中进行的，具有可逆性、不变性和整体结构的活动。他把知识分为物理知识和逻辑数学知识，二者都起源于动作。物理知识是儿童作用于物体，通过简单抽象抽取物体本身的特性，得到所观察的物体的知识。逻辑数学知识指通过思考或反省自己的动作所获得的经验，知识不是来自物体本身，而是来自主体对客体所施加的动作的协调中收集的信息，是主体作用于客体，从而了解自己的动作之间相互协调的结果的知识。

因此，皮亚杰认为，教学中必须重视儿童的动作和活动，仅仅看和听而没有活动的学习，只不过是口头的学习。教师应布置情境，提供材料、工具和设备，让儿童自由操作、摆弄、实验、观察和思考，自己认识事物，发现问题，得出答案，而不能只是被动的教师讲演、学生旁观演示。皮亚杰的理论为新教育所主张的活动教学法提供了科学依据。①

二、皮亚杰的认知发展理论

关于圆柱侧面展开图的研究我们找到了科学依据，那么如何理解、达到小学阶段的课程目标？如何根据学生的年龄特点，设计自己的教学？它们背后的科学依据是什么？

卢梭早就说过："儿童不是小成人。"皮亚杰用大量令人信服的实验材料证明了儿童的认识的确和成年人的认知有着质的不同，而且不同阶段的儿童认知结构也不完全一样，每一阶段有其独特的认知结构，表现出与前后各阶段不同的认知能力。皮亚杰将其分为四个阶段：（1）感觉运动阶段（0~2 岁）；（2）前运算阶段（2~7 岁）；（3）具体运算阶段（7~11 岁）；（4）形式运算阶段（11 岁至成人）。他提出的这几个阶段性使人们加深了对儿童的了解，成了人们把握儿童认知发展的路标。他的阶段论给人们提供了根据儿童的心

---

① 参见皮亚杰：《皮亚杰教育论著选》，卢濬选译，人民教育出版社 2015 年版，第 9~10 页。

理特点，对不同阶段的儿童应教什么和怎样教的教育教学的心理学依据。①

守恒概念是指儿童认识到一个事物的知觉特征无论如何变化，它的量始终保持不变。皮亚杰认为守恒概念的获得是儿童认知水平的一个重要标志。皮亚杰不仅将儿童认知发展划分为四个阶段，而且认为守恒概念出现于具体运算阶段（6、7 岁到 11、12 岁），但是儿童获得不同守恒形式的年龄又是不一样的。儿童获得最早的是数量守恒（6、7 岁），接着是物质守恒和长度守恒（7、8 岁）、面积守恒和重量守恒（9、10 岁），最后是体积守恒（12 岁）。

验证我们的学生和教材，一年级学生入学年龄大多是 6 岁左右，而一年级第一学期第一单元 10 以内数的认识中，最早出现比一比：谁比谁多（少），或谁和谁同样多，这和皮亚杰的数量守恒是完全一致的。一年级第二学期教材中就出现了厘米、米的认识，二年级第二学期出现了毫米、分米、千米的认识，即符合长度守恒。三年级教材中出现了克、千克、吨、面积和面积单位等，符合面积守恒和重量守恒。五年级教材中出现了长方体和正方体，六年级出现了圆柱和圆锥，完全符合体积守恒。

找到了儿童掌握守恒概念的年龄和顺序，相当于掌握了学生的年龄特点和认知基础，即掌握了学情，这对于教师课前备课至关重要。

三、范希尔理论

范希尔夫妇是荷兰一所中学的数学教师，在教学过程中最让他们感到困惑的是：教材所呈现的问题或作业所需要的语言及专业知识常常超出了学生的思维水平。于是，他们开始关注皮亚杰的认知发展理论，结合自身对几何教学的研究，提出了几何思维的五个水平。②

（一）层次 0：视觉

儿童能通过轮廓辨认图形，并能操作其几何构图元素（如边、角）；能画图或仿圆图形，使用标准或不标准名称描述几何图形；能根据对形状的操作解决几何问题，但无法使用图形的特征或要素名称来分析图形，也无法对图形做概括的论述。例如，儿童可能会说某个图形是三角形，因为它看起来像

---

① 参见皮亚杰：《皮亚杰教育论著选》，卢濬选译，人民教育出版社 2015 年版，第 7 页。

② 参见鲍建生、周超：《数学学习的心理基础与过程》，上海教育出版社 2009 年版，第 4~6 页。

一个三明治。

（二）层次1：分析

儿童能分析图形的组成要素及特征，并依此建立图形的特性，利用这些特性解决几何问题，但无法解释性质间的关系，也无法了解图形的定义；能根据组成要素比较两个形体，利用某一性质做图形分类，但无法解释图形某性质之间的关联，也无法导出公式和使用正式的定义。例如，儿童会知道三角形有三条边和三个角，但不能理解如果内角越大，那么对边越长的性质。

（三）层次2：非形式化的演绎

儿童能建立图形及图形性质之间的关系，可以提出非形式化的推论，了解建构图形的要素，能进一步探求图形的内在属性和其包含关系，使用公式与定义以及发现的性质做演绎推论，但不能了解证明与定理的重要性，不能由不熟悉的前提去证明结果的成立，也不能建立定理网络之间的内在关系。例如，学生了解了等腰三角形的性质后，他们会推出等腰直角三角形同时也是直角三角形的一种，只是等腰直角三角形较直角三角形多了一些性质的限制。因此，儿童能做一些非正式的说明但还不能做系统性的证明。

（四）层次3：形式的演绎

学生可以了解证明的重要性和“不定义元素”“公理”“定理”的意义，确信几何定理是需要形式逻辑推演才能建立的，理解解决几何问题必须具备充分或必要条件；能猜测并尝试用演绎方式证实其猜测，能够以逻辑推理解释几何学中的公理、定义、定理等，也能推理出新的定理，建立定理间的关系网络，能比较一个定理的不同证明方式；能理解证明中的必要与充分条件。例如，至少有一条边对应相等或至少一个角对应相等是证明两个三角形全等的必要条件，两角及夹边对应相等则是两个三角形全等的充分条件；能写出一定理的逆定理，如平行四边形的对角线互相平分，其逆定理是对角线互相平分的四边形是平行四边形。

（五）层次4：严密性

在这个层次，能在不同的公理系统下严谨地建立定理，以分析比较不同的几何系统，如欧氏几何与非欧氏几何系统的比较。

对应于几何思维的五个水平，范希尔夫妇提出了 5 个教学阶段。

阶段 1：学前咨询。教师和学生就学习对象进行双向交谈。教师了解学生如何理解指导语，并且帮助学生理解要学习的课题。学生提出问题，对课题的对象和运用的词汇做出观察，确定下一步的学习。在这一阶段，使用词汇与术语是相当重要的，这个层次中独特的词汇、用语和题目的标题通过对话而被引入。

阶段 2：引导定向。教师为学生仔细安排活动顺序，使学生认识到学习的方向，逐渐熟悉这一结构的特性。在这个阶段，许多活动都是引起一个特定反应的一步作业。

阶段 3：阐明。通过前面的经验和教师最低程度的提示，学生明确了词汇的意义，表达自己对内在结构的看法。通过这一阶段，学生开始形成学习的关系系统。范希尔指出：在这个阶段的过程中，经验的获得取决于正确的语言符号和学生们在课堂上对所观察到的结构的讨论，教师只需注意这些讨论所使用的习惯措辞，关联系统在这个阶段就有一部分形成了。

阶段 4：自由定向。在这个阶段，学生碰到多步作业或能以不同方式完成的作业，在寻找方法和解决问题的过程中，学生获得了经验。通过自己确定学习领域的方向，他们对学习对象之间的关系越来越明确。按照范希尔的观点：这个阶段是自由探索，探索的范围是大多数学生知道的，但学生仍需迅速地找到他的方向。

阶段 5：整合。学生回顾自己所用的方法并形成一种观点，对象和关系被统一并内化为一个新的思维领域。教师对学生理解的东西做一个全面的评述，帮助学生完成这一过程。在此，教师要小心，不要提出新的或不一致的观点。

利用上述 5 个教学阶段，结合思维水平的划分，带来了课堂里的变化。因此，范希尔理论引起了全世界的广泛关注，并成为 20 世纪 80 年代几何教学研究的一个热点。①

范希尔理论再次让我们对儿童的几何思维水平有了清晰的认识，这对于了解学情，掌握小学生的年龄特征和现有认知水平提供了理论支持。

① 参见鲍建生、周超：《数学学习的心理基础与过程》，上海教育出版社 2009 年版，第 4~6 页。

第四节　小学数学概念的整体性

科学发展到今天，几乎各门学科都要对本领域阐述的内容进行结构分析，利用结构这一概念或形式来反映事物的特征，使对象或问题表述得简捷明了。这已成为现代科学的一个特征，也是一门学科发展成熟的标志。小学数学是一个有机的整体，用十大核心概念来统领全部所学内容，就是帮学生建立整体认知下的数学学习，符合当今倡导的以学科大概念为核心，使课程内容结构化的要求。

一、螺旋式上升的教材体现小学数学概念的整体性

为了帮助学生形成整体建构式的学习，数学教材采取螺旋式上升的思路进行编排，便于学生循序渐进地理解和掌握所学内容。例如，青岛版数学教材在一至六年级“图形与几何”领域的学习过程中，学生对同一主题有间歇的多次接触、时常前后联系，在不同主题的交叉学习中培养空间观念，锻炼了学生在学习中组织知识的能力，促进了对数学内容的整体认知。

下面，本书按核心概念、体现领域、主题、学段、教材分布五个维度，把青岛版数学教材中“图形与几何”领域的内容进行系统化、整体性建构，明确“图形与几何”领域下设图形的认识、测量、图形的运动、图形与位置四个主题，以四个主题为四条主线，将小学阶段相应的教材内容看作这四条主线上的节点（见表1-2）。教学时，教师充分把握好知识的内在结构，清楚各主线之间的关联和每条主线内的节点间的关联，使学生的学习更具全局性，更有生长力，对循序渐进地发展学生的空间观念更有持续力，能有效避免青年教师只针对某节课、某单元的碎片化教学。

表 1-2 “图形与几何”内容系统化、整体性建构

核心概念	体现领域	主题	学段	教材分布
空间观念	图形与几何	图形的认识	第一学段	一年级上册：六——认识图形
				一年级下册：四——认识图形
				二年级上册：三——角的初步认识
				二年级下册：五——观察物体
				二年级下册：七——图形与拼组
			第二学段	四年级上册：二——线和角
				四年级上册：四——平行与相交
				四年级下册：四——认识多边形
				四年级下册：七——观察物体
				五年级下册：七——长方体和正方体（信息窗 1、2）
				六年级上册：五——圆（信息窗 1）
				六年级下册：圆柱和圆锥（信息窗 1、2）
		测量	第一学段	一年级下册：八——厘米、米的认识
				二年级下册：三——毫米、分米、千米的认识
				三年级上册：八——图形的周长
				三年级下册：五——长方形和正方形的面积
			第二学段	四年级上册：二——线和角（信息窗 2）
				五年级上册：多边形的面积
				五年级下册：七——长方体和正方体（信息窗 2、3、4，相关链接）
				六年级上册：五——圆（信息窗 2、3）
				六年级下册：圆柱和圆锥（信息窗 2、3）
		图形的运动	第一学段	三年级上册：四——位置与变换（信息窗 2）
				三年级下册：二——对称
			第二学段	五年级上册：二——对称、平移与旋转
				六年级下册：四——比例尺（相关链接）
		图形与位置	第一学段	一年级上册：四——认识位置
				二年级上册：六——认识方向
				三年级上册：四——位置与变换（信息窗 1）
			第二学段	五年级下册：四——方向与位置
				六年级下册：四——比例尺（信息窗 1、2、3）

以上只是对空间观念所体现的内容进行整理。通过整理发现，空间观念所体现的内容已被分散到每个主题、每个学段、每个年级中，这是否与整体性教学相矛盾呢？不矛盾，教学中的整体观念，主要是指对所学内容的整体把握，使学生用整体的观念来组织分散的学习内容，以达到总体上的认识，提炼出数学思想，从而形成和发展自己的空间观念。

二、数学教学中体现的小学数学概念的整体性

通过以上分析可知，小学数学教材的具体内容呈现出空间观念的整体性，那么在教学中如何落实呢？

（一）突破单课思维，体现思维的整体性

美国著名教育家布鲁纳一再强调，无论教师教授哪一门学科，务必让学生理解该学科的基本结构。例如小学阶段的“图形与几何”领域的测量教学，“周长→面积→体积”，是从一维到二维再到三维的变换，正体现了空间观念培养的整体性（见图 1-6）。

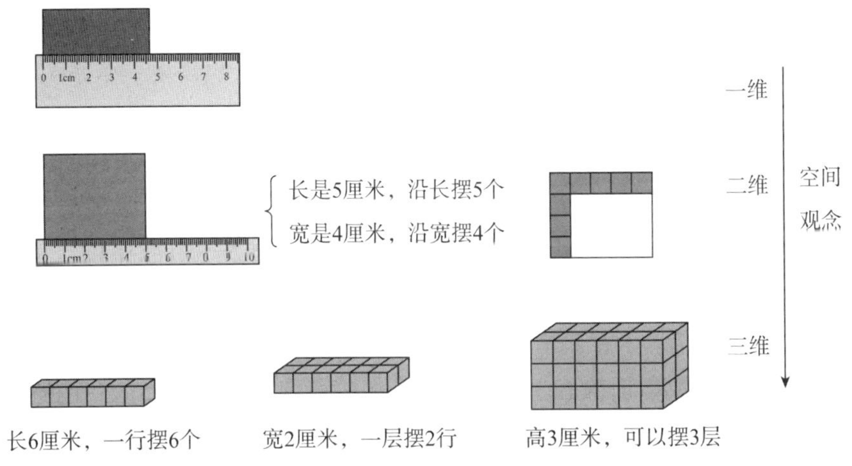

图 1-6　空间观念

再如“数与代数”中，“数→和→积”就是把数的概念、和的概念、积的概念串联起来，引导学生进行比较，形成有意义的关联性结构整体（见图 1-7）[①]。教师如果能这样突破单课思维，使学生厘清所学内容的来龙去脉，就能体现数学概念思维的整体性。

① 参见李士锜编著：《PEM：数学教育心理》，华东师范大学出版社 2001 年版，第 113 页。

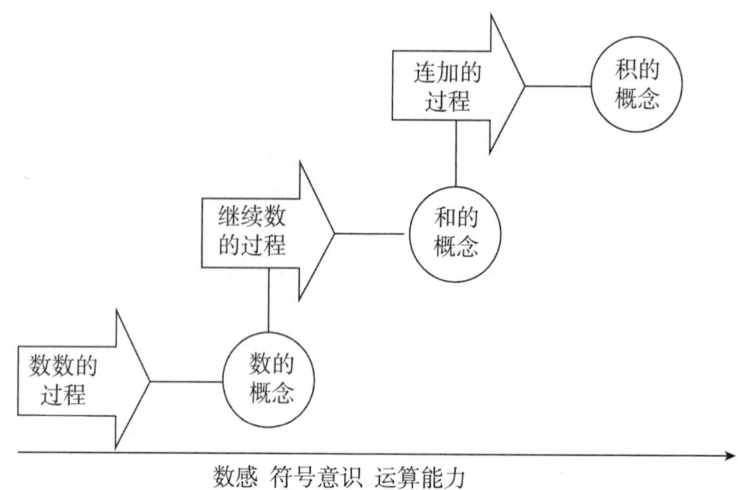

图 1-7 数、和、积的概念

（二）充分重视综合过程

教学时，即使教师重视培养学生的整体建构意识，在具体的章节学习后，也还需要进一步加以整理串联。随时建构的学习方法，也需要一个系统综合、加工提炼的过程，所以，知识的整理综合是数学学习的必经之路。反映在青岛版数学教材上，即教材构建开放的、具有一定思维跨度的“板块式”编排结构，每个单元后都设计了“我学会了吗”或“回顾整理”，每册后都设计了总复习。这不是将本单元、本册知识进行重述，而是要对照比较，寻找联系，在整体观念下的一种再构造。

目前，“提高学生在新情境下解决问题的能力”逐渐代替“题海战术”，当然学数学时，数学训练必不可少，但是如何训练却是最重要的。按照思维的信息加工理论，知识是以组块的形式保存在头脑中，一个人拥有的知识量，与组块的多少及组块的大小有关。为解决好问题，实际上需要从三方面训练：一是知识组块的组织，二是组块之间联系的强化，三是知识组块与问题之间联系的强化。组块组织得好，表征得好，就有利于记忆和提取。组块之间联系加工得好，则知识整体强度加大，有利于按最简路线提取有用信息，还可能以整体强度弥补某些薄弱之处。而如果知识与问题之间的联系加强了，就能有所准备的迅速调动有关组块，圆满解决问题。① 显然，这三方面如果能达

① 参见李士锜编著：《PEM：数学教育心理》，华东师范大学出版社 2001 年版，第 125 页。

到协调平衡，那么在解决问题时，可以用最简单的方式、最有效的线索来提取有关知识及信息。“题海战术”充其量只是训练了第三方面：知识组块与问题之间联系的强化。它将问题及其解法归结为多种类型，套用一些模式，进行反复练习，短期内能收到立竿见影的效果，但替代不了知识的整体理解和整体加工处理，替代不了知识的综合和提炼，所学的解题方法也不能迁移到新的情境下解决问题。因此，我们要合理使用好单元、每册的复习和整理，全面协调，增强在生活中解决实际问题的能力，即增强学生的应用意识。

总之，数学主要依靠大脑思维来进行学习和研究。如果按照人的认知规律来进行概念教学，首先头脑中要有整体的观念，充分认识到数学是充满关系的有机整体。特别是对于一至六年级的数学内容要有全面清晰的认识和理解，基于学情，设计有效的教学活动，使学生由浅入深、由表及里，随时将所学内容与其他内容联系起来，把对象不断组织成整体，逐渐形成自己的认知结构。这个过程就是学生自我建构的过程，它可以使思维中的整体具有规则性，从而使人的认识变得简单清晰，从元素或局部的存在，到相互依存的组合和结构，最后达到整体的思想原理。①

第五节　主题式空间观念学习单元

数学是一个有机的整体，空间观念作为十大核心概念之一，需要把它作为数学整体中的一个局部来研究。

空间观念在数学学科教学中是以层级的形式呈现的，为使学生在数学学习中实现螺旋式上升、层级性攀爬，教师备课前不仅要着眼于课时，更要着眼于单元，着眼于学段，甚至着眼于整个数学学科，对所教内容有整体性、系统性、结构性的认识。因此，依据维果茨基的最近发展区，对于空间观念所体现的“图形与几何”领域的内容，进行主题式梳理，便于开展线式研究。这与后面的课型研究相比，此时的研究比较宏观，多以单元为目标，纵向分析相关主题之间的联系和区别，便于找准知识的生长点，发展学生的关键期，有利于系统培养学生的空间观念。

---

① 参见李士锜编著：《PEM：数学教育心理》，华东师范大学出版社 2001 年版，第 122 页。

“图形与几何”领域分四个主题，共 30 个单元，下面从学生现有基础、对后续学习的影响、培养方式、所达到的学段目标 4 个维度进行梳理。这样的梳理方式便于教师从中发现“图形与几何”领域教学的共同特点，然后抽象概括出来，成为发展学生空间观念的策略，使课程目标在课堂教学中得到落实。

一、图形的认识

小学阶段此主题共 12 个单元。

（一）第一学段：5 个单元

一年级上册：六——认识图形，这是图形的认识的起始单元，为今后学习立体图形、平面图形打下良好基础。小学生有用长方体、正方体、圆柱和球等各种形状的物体摆积木、拼搭的生活经验，但这些经验是感性的。本单元通过拼、摆、摸、滚等操作活动，培养初步的观察、比较、抽象等思维能力，发展初步的空间观念。《义务教育数学课程标准（2011 年版）》：能通过实物和模型辨认长方体、正方体、圆柱和球等几何体。

一年级下册：四——认识图形，这是平面几何图形的起始单元，在学生直观认识长方体、正方体、圆柱和球等立体图形的基础上进行学习，为今后进一步认识平面图形及其特征打下重要基础。本单元通过观察、操作，对图形按形状分类、直观认识图形，抽象出长方形、正方形、三角形、平行四边形、圆的图形模型；从立体图形的表面抽象出平面图形时，同样采用学具操作，通过画一画、描一描等活动形式得到平面图形，感受“面”与“体”的关系，培养几何直观，发展形象思维，建立初步的空间观念。《义务教育数学课程标准（2011 年版）》：能辨认长方形、正方形、三角形、平行四边形、圆等简单图形。

二年级上册：三——角的初步认识，本单元是在学生已初步认识长方形、正方形、平行四边形、三角形等平面图形的基础上进行学习，为四年级上册进一步认识角打好基础。教材选择学生最熟悉的教室内的活动作为情境，通过看一看、摸一摸，引导学生观察、分析，从实物中抽象出角来，让学生经历从“物”到“形”的抽象过程；再通过比一比、折一折、做一做，会比较角的大小，并认识直角、锐角和钝角，真正体会数学上的“角”是一种图形，从而发展学生初步的观察能力和动手操作能力以及初步的空间观念。《义务教育数学课程标准（2011 年版）》：结合生活情境认识角，了解直角、锐角和钝角。

二年级下册：五——观察物体，这是本套教材第一次进行观察物体的教学。二年级学生已经具有观察物体的生活经验，为四年级下册第六单元观察物体奠定基础。教材选择 3 位同学围坐在桌旁欣赏民间工艺品布老虎的情境。通过让学生在不同方位观察同一物体，或根据照片、直观图，学习辨认从前面、侧面、后面观察到的简单物体，学生经历这样的观察过程，发展初步的空间观念。《义务教育数学课程标准（2011 年版）》：能根据具体事物、照片或直观图辨认从不同角度观察到的简单物体。

二年级下册：七——图形与拼组，本单元是在学生一年级初步认识了立体图形和平面图形的基础上进行教学的，为三年级长方形、正方形的周长和面积等平面图形和立体图形的有关知识奠定基础。教材选择“制作保护牌”“欣赏主题壁画”等贴近学生生活的情境，通过让学生操作折纸、测量、拼图等实践活动，不但抽象出长方形和正方形的特征，而且感受图形之间的关系与变化，逐步发展学生的空间观念。《义务教育数学课程标准（2011 年版）》：通过观察、操作，初步认识长方形、正方形的特征。会用长方形、正方形、三角形、平行四边形或圆拼图。

（二）第二学段：7 个单元

四年级上册：二——线和角，本单元是在一年级下册线段、二年级角的初步认识的基础上进行学习的，是后面学习平面内两条直线的位置关系的重要基础。教材选择繁忙的工地为素材，巧妙地将具体事物抽象为线和角，通过画一画、量一量等操作活动，培养学生观察、想象、动手操作能力，发展初步的空间观念。《义务教育数学课程标准（2011 年版）》：结合实例了解线段、射线和直线。知道平角与周角，了解周角、平角、钝角、直角、锐角之间的大小关系。

四年级上册：四——平行与相交，本单元是在学习了线段、直线、射线和角的基础上进一步研究两条直线的位置关系，为后面学习平面图形、立体图形等相关知识打基础。教材选取“交通中的线”为素材，调动学生的生活经验，通过让学生自主去画、去观察、去测量等活动，有效地帮助学生积累丰富的感性经验，初步发展学生的空间观念。《义务教育数学课程标准（2011 年版）》：结合生活情境了解平面上两条直线的平行和相交（包括垂直）

关系。体会两点间所有连线中线段最短，知道两点间的距离。

四年级下册：四——认识多边形，本单元是在学生学习了长方形、正方形和角的特征的基础上进行学习的，为后面多边形面积的学习奠定基础。教材选取“巧手小工匠”的情境串，通过让学生拉一拉、分一分、剪一剪、量一量等活动，将静态的知识结论变为动态的探索对象，让学生在观察、操作、归纳的过程中发展学生的空间观念。《义务教育数学课程标准（2011 年版）》：认识三角形，通过观察、操作，了解三角形两边之和大于第三边、三角形内角和是 180°。认识等腰三角形、等边三角形、直角三角形、锐角三角形、钝角三角形。通过观察、操作，认识平行四边形、梯形。

四年级下册：七——观察物体，本单元是学生在二年级学习了辨认从前面、上面和侧面观察简单物体形状的基础上进行教学的，为第三学段的视图做重要铺垫。教材选取趣味拼搭，通过学生大量的观察和拼搭等活动，初步感知立体图形的视图，体会平面与立体的转换，逐步产生空间体验，发展空间观念。《义务教育数学课程标准（2011 年版）》：能辨认从不同方向（前面、侧面、上面）看到的物体的形状图。

五年级下册：七——长方体和正方体（信息窗 1、2），本单元学生是在第一学段初步认识长方体和正方体的基础上系统学习长方体和正方体的有关知识，为六年级圆柱和圆锥的学习打下基础。教材选取学生日常生活中熟悉的实物作为素材，引导学生通过观察、比较、操作，认识长方体、正方体及其展开图，提高观察、想象能力，发展初步的空间观念。《义务教育数学课程标准（2011 年版）》：通过观察、操作，认识长方体、正方体，认识长方体、正方体的展开图。

六年级上册：五——圆（信息窗 1），本单元学生是在第一学段直观认识了圆的基础上进一步学习圆的知识，为后面学习圆的周长、面积、圆柱、圆锥等知识和扇形统计图打好基础。教材选取从古到今的交通工具，通过观察、画图、测量等实践活动发现圆的各部分名称、特征、扇形，并会用圆规画圆，同时让学生体会动手操作的必要性，从而发展学生的空间观念。《义务教育数学课程标准（2011 年版）》：通过观察、操作，认识圆，知道扇形，会用圆规画圆。

六年级下册：圆柱和圆锥（信息窗 1、2），本单元是在学生学习了圆、长方体、正方体等有关知识的基础上进行教学的，是小学阶段图形与几何的最后一部分内容，是初、高中进一步学习几何知识的基础。教材选取学生熟悉的生活素材，通过观察、操作、比较等活动，认识圆柱、圆锥，“圆柱和圆锥都有一个曲面”这一知识点是学生认识立体图形的又一次飞跃，因此，让学生充分经历探索知识的过程，进一步发展空间观念。《义务教育数学课程标准（2011 年版）》：通过观察、操作，认识圆柱、圆锥，认识圆柱的展开图。

通过梳理，图形的认识这条线编排结构为：“体”－“面”－“体”。儿童从落地起便生活在三维空间中，他所见到的、接触到的玩具、生活用品都是“体”，对于一年级要学习的长方体、正方体、圆柱和球，在他们的头脑中都有直观的实物模型，因此从辨认立体图形开始学习。从物体表面抽象出平面图形，感受“面”附在“体”上，体验“面”与“体”的关系，继而展开面的学习。从辨认、认识各种平面图形到再次认识立体图形，这期间是螺旋上升的编排结构。

这两个“体”在《义务教育数学课程标准（2011 年版）》中的要求截然不同。例如，对于长方体、正方体、圆柱和球的学习，第一学段一年级上册的教学目标是能通过实物和模型辨认长方体、正方体、圆柱和球，第二学段的五、六年级相关知识的教学目标是通过观察、操作，认识长方体、正方体、圆柱和圆锥。“辨认”和“认识”在《义务教育数学课程标准（2011 年版）》中出现在描述结果目标的行为动词中，“辨认”出现在“了解”：从具体实例中知道或举例说明对象的有关特征；根据对象的特征，从具体情境中辨认或者举例说明对象。“认识”的同类词是“理解”：描述对象的特征和由来，阐述此对象与相关对象之间的区别和联系。

一、测量

小学阶段此主题共 9 个单元。

（一）第一学段：4 个单元

一年级下册：八——厘米、米的认识，这是认识长度单位的开始，也是测量的起始单元，在小学生对“长度”有一定感性认识的基础上进行教学，是二年级学习其他长度单位和有关测量问题的基础。教材选取“阿福的新衣”为素材，通过大量的实际测量活动，让学生在活动中形成长度观念，建立“厘米”“米”的表象；结合生活实际，注重估测能力的培养，建立初步的空间观念。《义务教育数学课程标准（2011 年版）》：结合生活实际，经历用不同方式测量物体长度的过程，体会建立统一度量单位的重要性。在实践活动中，体会并认识长度单位米、厘米，能恰当地选择长度单位。能估测一些物体的长度，并进行测量。

二年级下册：三——毫米、分米、千米的认识，本单元是在学习了长度单位厘米和米的基础上，进一步学习毫米、分米、千米，对于今后学习面积单位有重要意义。教材选取“小朋友的梦境”为素材，通过大量的实测和估测活动，使学生形成毫米、分米、千米的长度观念，进一步培养估测意识，发展空间观念。《义务教育数学课程标准（2011 年版）》：在实践活动中，体会并认识长度单位千米，知道分米、毫米，能进行简单的单位换算，能恰当地选择长度单位。能估测一些物体的长度，并进行测量。

三年级上册：八——图形的周长，本单元是在二年级下册学习了图形与拼组的基础上进行教学，为学习三年级下册长方形和正方形的面积打好基础。教材选取学生的校园花坛为素材，通过指、描、画、量、算等操作活动，让学生理解周长的意义，并会测量简单图形的周长，掌握长方形、正方形的周长计算方法，发展学生的空间观念。《义务教育数学课程标准（2011 年版）》：结合实例认识周长，并能测量简单图形的周长，探索并掌握长方形、正方形的周长公式。

三年级下册：五——长方形和正方形的面积，本单元是在二年级长方形和正方形特征、三年级图形的周长基础上进行学习，为五、六年级学习其他平面图形的面积奠定基础。教材选取买新房的生活素材，通过摆、量、算等活动，把解决问题与知识学习融合在一起，体验面积单位产生的必要性，掌握长方形、正方形的面积公式，会估计给定简单图形的面积，进一步发展学生的空间观念。《义务教育数学课程标准（2011 年版）》：结合实例认识面积，体会并认识面积单位厘米^2、分米^2、米^2，能进行简单单位换算。探索并掌握长方形、正方形的面积公式，会估计给定简单图形的面积。

（二）第二学段：5 个单元

四年级上册：二——线和角（信息窗 2），本节课是在锐角、钝角、直角的基础上进行学习的，为后面平面几何和立体几何的有关知识做好铺垫。教材选取工地上的挖掘机为素材，通过量角、画角、操作活动角等活动，让学生会用量角器量、画角，认识周角、平角，调动学生自主探究的积极性，发展初步的空间观念。《义务教育数学课程标准（2011 年版）》：能用量角器量指定角的度数，能画指定度数的角，会用三角尺画 30°、45°、60°、90°角。

五年级上册：多边形的面积，本单元在二年级长方形和正方形的特征、三年级长方形、正方形面积计算和四年级三角形、平行四边形、梯形的特征的基础上进一步学习多边形面积，为今后学习立体图形知识打下基础。教材选取生活中的场景为素材，学生通过数、剪、拼等动手操作活动，经历“猜想→验证→结论”的研究过程，运用转化的思想，探索出平行四边形、三角形、梯形、不规则图形的面积计算公式，培养学生观察、比较、推理能力，发展空间观念。《义务教育数学课程标准（2011 年版）》：探索并掌握三角形、平行四边形和梯形的面积公式，并能解决简单的实际问题。知道面积单位千米^2、公顷。

五年级下册：七——长方体和正方体（信息窗 2、3、4，相关链接），本单元在一年级长方体、正方体的认识和三年级长方形、正方形面积的基础上进行学习，为六年级学习圆柱等立体图形打好基础。教材选取生活中的包装盒为素材，通过剪一剪、做一做、切一切、摆一摆等操作活动，认识常用的体积单位，会进行单位间的换算，探索长方体和正方体的表面积和体积（含有不规则物体）计算方法，从而提高观察、想象、推理等能力，发展学生初步的空间观念。《义务教育数学课程标准（2011 年版）》：通过实例了解体积（包括容积）的意义及度量单位（米^3、分米^3、厘米^3、升、毫升），能进行单位之间的换算，感受 1 米^3、1 厘米^{3}以及 1 升、1 毫升的实际意义。结合具体情境，探索并掌握长方体、正方体的体积和表面积的计算方法，并能解决简单的实际问题。体验某些实物（如土豆等）体积的测量方法。

六年级上册：五——圆（信息窗 2、3），本单元是在学习了长方形、正方形等平面图形以及它们的周长、面积计算的基础上，进一步学习圆的周长和面积，为以后学习圆柱、圆锥等知识和绘制简单扇形统计图打好基础。教材选取天坛的主体建筑——祭天台和祈年殿、北京奥运会圆形中心舞台为素材，通过操作，使学生经历猜想、实验、发现和归纳等数学活动，理解和掌握圆的周长和面积计算公式，体会“化曲为直”“化圆为方”的转化思想，从而发展学生的空间观念。《义务教育数学课程标准（2011 年版）》：通过操作，了解圆的周长与直径的比为定值，掌握圆的周长公式；探索并掌握圆的面积公式，并能解决简单的实际问题。

六年级下册：圆柱和圆锥（信息窗 2、3），本单元在五年级掌握了长方体、正方体表面积、体积和六年级上册圆的周长、面积基础上进行学习，为初、高中学习几何知识奠定基础。教材选取生活中常见的圆柱、圆锥形纸筒、冰激凌等为素材，通过剪一剪、拼一拼、量一量等活动，经历探索圆柱侧面积、表面积、体积和圆锥体积的过程，进一步发展空间观念。《义务教育数学课程标准（2011 年版）》：结合具体情境，探索并掌握圆柱的体积和表面积以及圆锥体积的计算方法，并能解决简单的实际问题。

通过梳理“测量”这条主线，使教师充分认识到测量相关内容之间的共性，从一维测量、二维测量到三维测量，要想测量结果不存在异议，需要一把大家公认的“尺”，这就是长度、面积、体积单位产生的必要性。有了这把“尺”，就需要量长度、面积、体积，量得的结果又为推导相关公式奠定基础。当然，学生有了一维的学习经验，可以迁移到二维、三维的学习，使学生学会用数学的眼睛发现测量内容间内在的逻辑性，学习起来更系统、更轻松。

三、图形的运动

小学阶段此主题共 4 个单元。

（一）第一学段：2 个单元

三年级上册：四——位置与变换（信息窗 2），平移和旋转现象虽然是学生第一次接触，但三年级的学生有平移和旋转的生活经验，本节课由经验上升为能判断是否是平移或旋转现象，为五年级进一步学习平移和旋转打下基础。教材选取生活中常见的平移和旋转现象，通过观察、操作演示或描述，感受物体在空间的运动，初步认识平移和旋转现象，形成初步的空间观念。《义务教育数学课程标准（2011 年版）》：结合实例，感受平移、旋转现象。能辨认简单图形平移后的图形。

三年级下册：二——对称，本单元在学生对生活中的对称现象有感性认识的基础上进行学习，为五年级进一步学习对称知识打好基础。教材选取热闹的民俗节的图片为素材，通过观察、折、剪等操作活动，认识对称、轴对称图形，发展学生的空间观念。《义务教育数学课程标准（2011 年版）》：通过观察、操作，初步认识轴对称图形。

（二）第二学段：2 个单元

五年级上册：二——对称、平移与旋转，本单元在三年级初步认识对称和轴对称图形、平移和旋转现象的基础上进行学习，也是第二学段最后一次学习。教材选取美丽的旗帜、图案为素材，通过折一折、画一画等操作活动，引导学生掌握轴对称图形的知识、平移和旋转的方法，从而培养学生的抽象概括能力及逻辑思维能力，发展学生的空间观念。《义务教育数学课程标准（2011 年版）》：通过观察、操作等活动，进一步认识轴对称图形及其对称轴，能在方格纸上画出轴对称图形的对称轴；能在方格纸上补全一个简单的轴对称图形。通过观察、操作等，在方格纸上认识图形的平移与旋转，能在方格纸上按水平或垂直方向将简单图形平移，会在方格纸上将简单图形旋转 90°。能从平移、旋转和轴对称的角度欣赏生活中的图案，并运用它们在方格纸上设计简单的图案。

六年级下册：四——比例尺（相关链接），本节课在比例尺、根据比例尺计算图上距离或实际距离的基础上进行学习，为初中阶段图形的相似打下基础。教材选取把长方形和三角形按 2∶1 进行放大为素材，通过两次画一画，观察放大、缩小后的图形，分析概括出图形放大、缩小规律，使学生能利用方格纸按一定比例将简单图形放大或缩小，体会图形的相似，培养学生的空间观念。《义务教育数学课程标准（2011 年版）》：能利用方格纸按一定比例将简单图形放大或缩小。

小学阶段“图形的运动”这条主线更加明显，平移、旋转、对称和图形的放大与缩小。第一学段的平移、旋转、对称定位在“认识”的层面，第二学段则定位在“能”的层面。可见，根据儿童的年龄特征，教材按照螺旋上升的编排结构，非常利于学生循序渐进地发展空间观念。

四、图形与位置

小学阶段此主题共 5 个单元。

（一）第一学段：3 个单元

一年级上册：四——认识位置，本单元是学习图形与位置的初始单元，一年级学生对上、下、前、后具备一定的生活经验，重点是认识左、右，为第一、二学段的“图形与位置”奠定基础。教材选取“拍手游戏”为素材，设计游戏让学生亲身体验，通过不断地辨认、观察，进而会用上、下、前、后、左、右描述物体间的相对位置，使学生体验数学与生活的联系，发展初步的空间观念。《义务教育数学课程标准（2011 年版）》：会用上、下、左、右、前、后描述物体的相对位置。

二年级上册：六——认识方向，本单元是有关方向的起始单元，从学生已有经验出发，学习生活中、平面图上的东、南、西、北四个方位，为三年级进一步学习方向打下基础。教材选取美丽的校园为素材，通过设计室外活动、画一画、填一填的操作活动，让学生学会给定东、南、西、北中的一个方向辨认其余三个方向，了解绘制平面图的规则，发展学生初步的空间观念。《义务教育数学课程标准（2011 年版）》：给定东、南、西、北四个方向中的一个方向，能辨认其余三个方向。

三年级上册：四——位置与变换（信息窗 1），本单元在二年级认识方向的基础上进一步认识生活中和平面图上的东北、西北、东南、西南四个方向，为五年级用方向确定位置奠定基础。教材选取参观新农村为素材，通过创设活动情境，使学生在观察、操作、描述、交流中丰富对四个新方位的体验，从而发展学生的空间观念。《义务教育数学课程标准（2011 年版）》：知道东北、西北、东南、西南四个方向，会用这些词语描绘物体所在的方向。

（二）第二学段：2 个单元

五年级下册：四——方向与位置，本单元在一年级上、下、前、后、左、右和二、三年级的 8 个方向等基础上进行学习，为初中学习相关知识打下坚实的基础。教材选取同学们感兴趣的军营为素材，通过找一找、标一标、量一量等活动，学会用数对表示位置、根据方向和距离确定位置、描述简单的路线图。这不仅让学生经历数对的建模过程，还培养学生的模型思想，发展学生的空间观念。《义务教育数学课程标准（2011 年版）》：能根据物体相对于参照点的方向和距离确定其位置。会描述简单的路线图。在具体情境中，能在方格纸上用数对（限于正整数）表示位置，知道数对与方格纸上点的对应。

六年级下册：四——比例尺（信息窗 1、2、3），本单元在比和比例的基础上进行学习，是小学阶段相关知识的最后单元。教材选取快乐足球为素材，通过提供充分的探索空间，如画、量等操作活动，经历提出问题、分析问题、解决问题的过程，学会初步的数学思维方式，发展学生的空间观念。《义务教育数学课程标准（2011 年版）》：了解比例尺；在具体情境中，会按给定的比例进行图上距离与实际距离的换算。

梳理“图形与位置”这条主线，从儿童已有上、下、前、后生活经验出发，学习左、右；然后基于左、右，学会用数对或根据方向和距离确定位置，在第二学段的最后，综合运用以上知识点学习比例尺，进行图上距离与实际距离的换算。教师能深刻感受到“图形与位置”环环相扣的编排体系，对相关内容有清晰的主线意识和全局意识，重视知识点间的关联与沟通，容易把握知识的生长点，把控课堂教学中的生成。

通过以上对“图形与几何”领域的四个主题线式梳理，并经过不断的修改和完善，逐渐把课程标准、教材、学情进行精准对接，使教师对课程目标有了整体认识，并系统化了解小学阶段的相关内容、空间观念的培养策略，便于掌握学情，逐渐形成空间观念的概念式思维。

第六节　小学生空间观念的培养策略

通过对一至六年级的教材、四大主题系统地开展纵向线式研究，我们发现：图形与几何领域，教材选取的内容都是贴近学生生活的，从感性认识出发，通过观察、动手操作等活动，循序渐进地培养小学生的空间观念，特别是信息技术的发展。经过一年的研究，特总结出以下培养策略。

一、引导学生观察、感知实物和几何图形①

在数学课堂教学中，观察是一种有目的、有计划且能让学生积极参与的活动过程，在小学阶段图形与几何领域的学习中起着重要作用。

学生从一年级开始认识立方体，通过观察众多的立体图形的实物，从实物中抽象出长方体、正方体、圆柱和球等几何体的特征，从而达到能通过实物和模型辨认长方体、正方体、圆柱和球等几何体的课程目标。

三年级在讲面积时，不仅让学生感知实物的表面，如课桌面、课本封面，还让学生通过拼摆比较餐厅和厨房面积的大小，来感知面积单位产生的必要性（见图 1-8）。

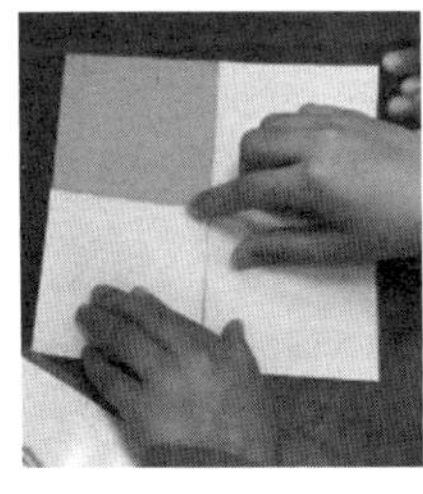

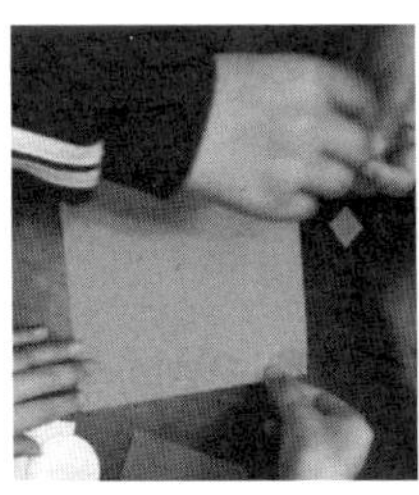

图 1-8　通过纸张大小感知面积大小

① 参见王光明、范文贵主编：《新版课程标准解析与教学指导・小学数学》，北京师范大学出版社 2012 年版，第 64 页。

六年级在学习圆柱、圆锥的特征时，充分利用生活中的饮料盒、茶叶盒、冰激凌盒、跳棋子等实物，观察、感知它们的形状，抽象出几何模型，描述其特征，真正让学生在感知、探索、想象、发现和概括中学习新知。

二、加强实验操作，获得直观感知①

依据皮亚杰的观点，教学中必须重视儿童的动作和活动。动手操作获得数学基本活动经验，贯穿整个小学阶段的数学课堂教学。通过一至六年级的线式研究，课堂教学中出现频率最高的词汇是“通过……操作活动，发展小学生的空间观念”，由此可以看出，加强实验操作是培养小学生空间观念最有效的方式。

如在探索长方形面积公式时，可让学生先摆一摆，数一数，一共用了多少个小正方形把长方形铺满；在摆的过程中有的学生为简单起见，沿长摆一行，沿宽摆一列，计算出一共能摆多少个小正方形；教师继而引导学生用尺子量出长方形的长和宽，想象出沿长能摆几个，沿宽能摆几个，计算得出一共能摆多少个小正方形，从而为长方形面积公式推导奠定了扎实的基础（见图 1-9）。这样的实验操作过程，由直观到抽象，是培养小学生的空间观念的一种有效的方式。

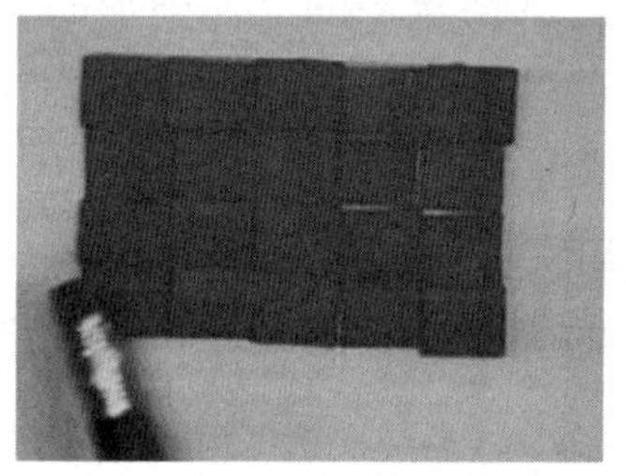
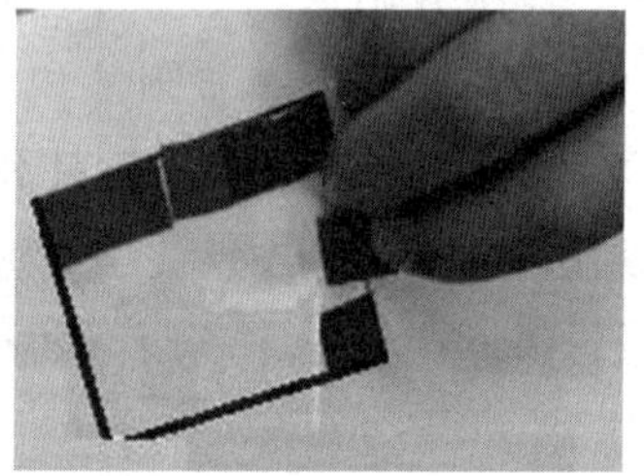

图 1-9　探索长方形面积

三、关注儿童几何思维的发展②

依据荷兰学者范希尔（Van Hiele）的观点，学生几何思维的发展水平分

① 参见王光明、范文贵主编：《新版课程标准解析与教学指导 · 小学数学》，北京师范大学出版社 2012 年版，第 65 页。

② 参见王光明、范文贵主编：《新版课程标准解析与教学指导 · 小学数学》，北京师范大学出版社 2012 年版，第 65 页。

为五个层次：直观化、描述和分析、抽象和关联、形式推理、严密性和元数学。[①] 由此，学生的几何学习是有序和有层次的，是不连续的过程。那么教师在设计教学时，应根据学生几何思维发展的实际水平，不同年级采取不同的培养方式。

低年级：主要通过对物体及模型等的观察、实验、测量、折叠、画图等思维实践活动掌握形体的基本特征，从而形成初步的空间观念。

中高年级：通过操作、观察、实验、演示、想象等方式，引导学生进行比较、分析、综合、猜测，在感知的基础上加以抽象、概括，并进行简单的判断、推理。这里的实验除实物实验外，更多的是模型实验或思想实验。

在推导圆的周长公式时，虽然在三年级学习周长时学生对化曲为直的测量方法有初步认识，但到六年级时还是会出现如学生把尺子扭弯了来测量曲线的长度等情况。所以要充分考虑儿童几何思维发展的实际水平，在儿童的最近发展区内实施教学活动经验。在此，教学时教师让学生经历猜想、实验、发现和归纳等数学活动，体会“化曲为直”的转化思想，积累数学活动经验。

四、利用信息技术培养学生空间观念[②]

依据皮亚杰的认知发展理论，小学生以形象思维为主，对比较抽象的内容难于理解，而现代信息技术可以化静为动，化抽象为形象，使学生的学习顺利进行，并达到优化课堂教学效果。

例如，在探究圆的面积、圆柱的体积时，等分的份数越多，越接近长方形、长方体，这种极限思想的培养是传统教学无法达到的效果，及时有效地利用信息技术对图形的变化进行动态显示，有利于学生空间观念的形成（见图 1-10）。

---

① 参见［美］D. A. 格劳斯：《数学教与学研究手册》，陈昌平等译，上海教育出版社 1999 年版，第 499~501 页。

② 参见王光明、范文贵主编：《新版课程标准解析与教学指导 · 小学数学》，北京师范大学出版社 2012 年版，第 65 页。

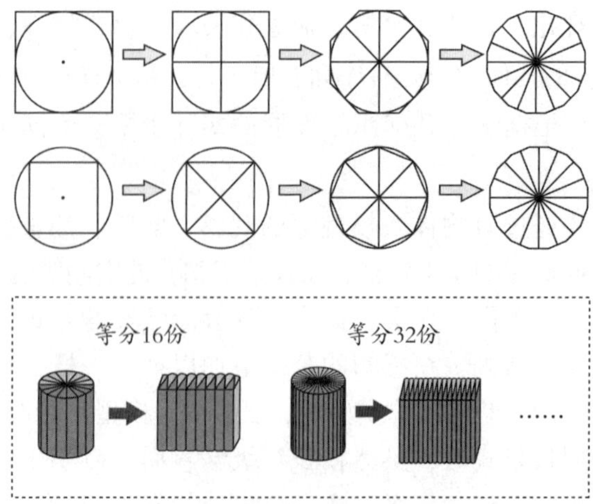

图 1-10　圆的面积、圆柱的体积

综上所述，我们以发展学生空间为目的，以“图形与几何”领域这条线的研究为例，以教材为载体，以空间观念的理解与培养策略为主线，阐述了我县小学数学概念思维能力的教学研究思路。至于效果如何？我们利用诊断性、阶段性测试，进行数据分析，从而调整研究思路，这将在数学概念思维教学评一体化的篇章里进行详细解读。

第二章 学生空间观念的教学策略研究成果

经过一年的研究，根据概念的形成过程，我县研制出“三环”课堂教学流程，此流程不仅规范了教师课堂教学行为，而且展现了学生形成和发展空间观念的过程。为评价“三环”的实际教学效果，又研制出相应的教学评价标准。为便于一线教师借鉴和使用，不仅以《长方形的面积》为例，还以研讨会的形式详细解读“三环”教学流程的使用和评价，以此来展示大概念教学的魅力，从而全面呈现了小学数学概念思维能力教学研究初步成果。

第一节 空间观念的课堂教学流程

概念形成是概念学习历程中非常重要的一部分，也是思维过程中最复杂的部分。维果茨基曾说：“了解概念形成的过程，即可把握住儿童认知与思维的过程。”由于概念形成的核心是理解，而理解是一种心理结构的构造过程，因此概念就是理解状态的某种心理表征，而这个结果又影响下一次的概念形成，构成了一个所谓的“理解循环”。①

在概念形成的有关研究中，比较经典的是维果茨基的实验。② 维果茨基认为概念形成的研究有两类传统的方法：一是所谓的“定义法”，二是由研究抽象概念的方法组成。这两种方法的共同弊端是把词语与知觉材料分离开来，并对其中的一个进行操作。为此，维果茨基引进双重刺激法，即向被试出示

① 参见鲍建生、周超：《数学学习的心理基础与过程》，上海教育出版社 2009 年版，第 117 页。

② 参见鲍建生、周超：《数学学习的心理基础与过程》，上海教育出版社 2009 年版，第 119 页。

两套刺激：一套是他从事活动的物体，另一套则是为其组织该活动服务的符号。① 基于此，研制了发展学生空间观念的课堂教学流程。

一、基于生活经验，发现和提出问题

弗赖登塔尔说过：“数学源于现实，也必须扎根于现实，并且应用于现实。”这很好地解释了数学与人类生活和社会发展紧密关联的含义。基于一至六年级“图形与几何”四大主题的线式梳理，我们发现教材均选取学生的现实生活情境为素材，紧密联系学生的生活实际，从学生已有的生活经验和认知基础出发，抽象出数学问题，充分调动学生运用数学知识来解决生活实际问题的积极性。

爱因斯坦说过：“提出一个问题往往比解决一个问题更重要。”《义务教育数学课程标准（2011 年版）》中新增了“发现和提出问题的能力”，这是为培养学生的创新意识和创新能力考虑的。创新意识是《义务教育数学课程标准（2011 年版）》中十大核心概念之一，在义务教育阶段培养学生的创新意识，发现和提出问题是最好的体现之一。

因此，需要找准每节课知识的生长点，激发学生探究的欲望，于是把“基于生活经验，发现和提出问题”作为教学流程的第一个环节，有利于学生在现有认知基础上构建新知识。

二、经历实践操作，发展空间观念

皮亚杰认为：“认识起源于动作，认识是从动作开始的，动作在儿童的智力和认知发展中起着重要的作用。认知结构是逐步建构起来的，它发生的起点是主客体相互作用的唯一一个可能的联结点——活动（动作），而不是知觉。”因此皮亚杰的理论为新教育所主张的活动教学法提供了科学依据。

基于一至六年级“图形与几何”四大主题的线式梳理，课堂教学中像“剪、摆、拼、折、画、量”等出现得最为频繁，这充分说明空间观念的发展依赖于学生的实践操作活动。当然，不同的年级动手操作的形式不同，低年级主要通过对物体的观察、测量、折叠、画图等思维实践活动掌握形体的基本特征，从而形成初步的空间观念。中高年级通过操作、观察、实验、演示、想象等方式，引导学生进行比较、分析、综合、猜测，在感知的基础上加以

① 参见鲍建生、周超：《数学学习的心理基础与过程》，上海教育出版社 2009 年版，第 120 页。

抽象、概括，并进行简单的判断、推理，由此进一步发展学生的空间观念。所以把“经历实践操作，发展空间观念”作为教学流程的第二个环节，不仅帮助学生积累基本活动经验，而且有利于学生掌握恰当的数学学习方法。

三、增强应用意识，解决实际问题

在《义务教育数学课程标准（2011 年版）》的课程总目标中，在“问题解决”方面强调：初步学会从数学的角度发现和提出问题，综合运用数学知识解决简单的实际问题，增强应用意识，提高实践能力。第一学段（1~3 年级）：能在教师的指导下，从日常生活中发现和提出简单的数学问题，并尝试解决。第二学段(4~6年级)：尝试从日常生活中发现并提出简单的数学问题，并运用一些知识加以解决。教师应重视培养学生的应用意识，将这些要求落实到数学课堂教学中。①

课的起始是基于生活经验，发现和提出问题，体现的是数学来源于生活的理念。通过一节课的探索，引导学生有意识地利用数学知识解决实际问题，体现的是数学应用于生活的理念。这样的教学前后照应，不仅使学生充分体会到数学与生活的联系，而且有利于学生树立正确的数学观。因此，把“增强应用意识，解决实际问题”作为教学流程的第三个环节。

“三环”课堂教学流程对于“图形与几何”领域的课堂教学来讲，重在展现学生习得过程，只有使学生真正经历实践操作的过程，才能有效形成和发展学生的空间观念。“三环”课堂教学流程的研制，初步呈现了空间观念的研究成果，为后面课型研究中的“四步”教学模式打下了基础。“图形与几何”领域课堂教学流程见图 2-1。

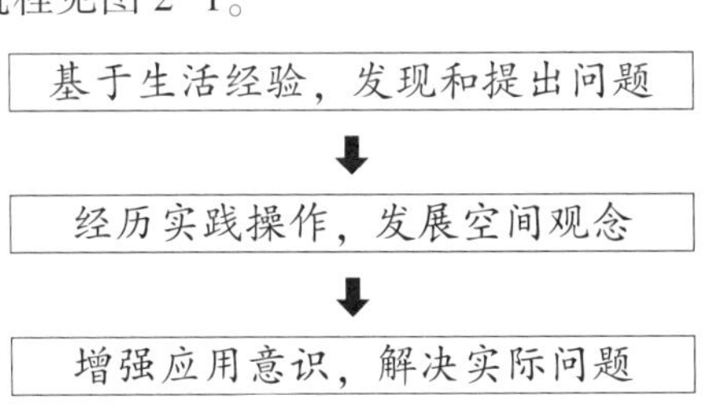

图 2-1　“图形与几何”领域课堂教学流程图

① 参见王光明、范文贵主编：《新版课程标准解析与教学指导·小学数学》，北京师范大学出版社 2012 年版，第 86 页。

第二节　空间观念的教学评价标准

为发展学生空间观念，“图形与几何”领域研究出以上“三环”课堂教学流程，那么如何评价“三环”的实际教学效果呢？于是依据《义务教育数学课程标准（2011年版）》，我县又研制出发展学生空间观念的教学评价标准（见表2-1）。此标准把课堂教学流程的“三环”作为三个评价指标，每个指标又划分为优秀、良好、合格三个层级。虽然相对于《核心素养与数学概念课型》篇中的评价标准而言比较粗浅，但足以说明我们的研究是相当系统化的，便于一线教师使用。

表2-1　发展学生空间观念的教学评价标准

评价指标	水平层级		
	优　秀	良　好	合　格
基于生活经验，发现和提出问题	1. 基于学生已有的认知基础和生活经验，提供丰富的生活情境，使数学学习与生活实际紧密结合。 2. 在生活情境中，能顺利发现和提出问题。 3. 激发学生探索欲望，培养学生的创新意识。	1. 基于学生的认知基础和生活经验，提供生活情境，使数学学习与生活实际相结合。 2. 在生活情境中，能发现和提出问题。 3. 激发学生探索欲望。	1. 提供生活情境，使数学学习与生活实际相结合。 2. 在生活情境中，能发现和提出问题。
经历实践操作，发展空间观念	1. 精心设计符合学生认知过程的实践操作活动。 2. 合理指导学生利用学具开展操作活动，及时关注学生操作的有效性，充分经历新知的建构过程。 3. 充分把握好学生的发展关键期，循序渐进地发展学生的空间观念	1. 设计符合学生认知过程的实践操作活动。 2. 关注并指导学生的操作，经历新知的建构过程。 3. 了解学生的发展关键期，有意识地发展学生的空间观念。	1. 设计实践操作活动。 2. 关注学生的操作，经历新知的建构过程。 3. 在操作活动中有意识地发展学生的空间观念。

续表

评价指标	水平层级		
	优　秀	良　好	合　格
增强应用意识，解决实际问题	1. 学生能主动、熟练地运用所学数学知识、数学方法解决生活中的实际问题。 2. 在解决问题的过程中，感受数学和现实生活的密切联系，体会学数学、用数学的乐趣，树立正确的数学观。	1. 学生能运用所学数学知识、数学方法解决生活中简单的实际问题。 2. 在解决问题的过程中，感受数学和现实生活的密切联系，树立正确的数学观。	1. 学生能运用所学数学知识、数学方法解决生活中简单的实际问题。 2. 在解决问题的过程中，感受数学和现实生活的密切联系，树立正确的数学观。

此评价标准把课堂教学流程的“三环”作为三个评价指标，注重的是过程性评价。

第一个评价指标为“基于生活经验，发现和提出问题”，虽然达成效果的层级不同，但重点考查的是学生能否在生活情境中发现和提出问题的能力。“发现和提出问题的能力”是《义务教育数学课程标准（2011 年版）》中新增的两个能力，这是从培养学生的创新意识和创新能力考虑的，分析和解决问题固然重要，但能够发现新的问题，提出新的问题却更加重要，这是对创新性人才的基本要求，因此作为第一个评价指标。

第二个评价指标为“经历实践操作，发展空间观念”，空间观念作为十大核心概念之一，主要体现在“图形与几何”领域。从研究过程看，无论是教材梳理、主题式梳理还是培养策略，关注的重点是在小学阶段如何系统有效地培养学生的空间观念，这也是课题研究之初我县学生所欠缺的，因此作为评价指标的重要一环。

第三个评价指标为“增强应用意识，解决实际问题”。《义务教育数学课程标准（2011 年版）》中强调应用意识两个方面的含义：一方面，有意识地利用数学的概念、原理和方法解释现实世界中的现象，解决现实世界中的问题；另一方面，认识到现实生活中蕴涵着大量与数量和图形有关的问题，这些问题可以抽象成数学问题，用数学的方法予以解决。以上两方面含义无论是用数学知识，还是用数学方法都强调解决实际问题，这才能使学生将数学与生活联系起来，才能切实体会到数学的真正价值，才能树立正确的数学观。

第三节 《长方形的面积》教学设计

【教材分析】

本节课是在二年级长方形和正方形的特征、三年级上册周长计算、本单元信息窗 1 面积和面积单位的基础上进行学习的，是学习平面图形面积计算的起始课，为今后学习平行四边形、三角形、梯形、圆等面积计算奠定基础。

【学情分析】

依据皮亚杰的认知发展理论，三年级学生处于长度守恒的后期、面积守恒的起始年龄。因学生存在个体差异，依据范希尔的几何思维发展阶段，三年级的学生大约处在第二、三阶段。学生在上学期学习了长方形周长公式，这节课很容易产生负迁移，这个负迁移同时也是学生学习的起点。对于铺地板，学生有现实的生活经验，从一维计算到二维计算是这节课的知识生长点，教师把握到这个点，对于发展学生的空间观念至关重要。

【教学目标】

《义务教育数学课程标准（2011 年版）》："探索并掌握长方形、正方形的面积公式，会估计给定简单图形的面积。"① 探索在本标准中是描述过程目标的行为动词，含义是独立或与他人合作参与特定的数学活动，理解或提出问题，寻求解决问题的思路，发现对象的特征及其与相关对象的区别和联系，获得一定的理性认识。掌握是描述结果目标的行为动词，含义是在理解的基础上，把对象用于新的情境。基于此，制定本节课的教学目标：

1. 探索并掌握长方形的面积公式，会估计给定简单图形的面积。

2. 在探索长方形面积公式时，让学生经历从感知到抽象的过程，发展学生的空间观念。

3. 会用求长方形的面积公式解决实际问题，感受数学与生活的密切联系，培养学生的应用意识。

① 中华人民共和国教育部：《义务教育数学课程标准（2011 年版）》，北京师范大学出版社 2012 年版，第 19 页。

【教学重点】

探索并掌握长方形的面积公式。

【教学难点】

长度单位过渡到面积单位。

【学具准备】

每组一袋学具，内有一张长方形纸板（长 5 厘米、宽 4 厘米），1 平方厘米的正方形纸板若干，直尺。

【教学过程】

第一环节：基于生活经验，发现和提出问题。

师：这是我家新买的房子，要装修成这样的效果，好看吗？出示信息窗 2。

生：好看！

师：那么在装修房子前，首先要做什么？

生：做预算。

师：对！既不浪费，又住得舒服。咱从地板算起，小卧室、书房和大卧室计划铺木地板，需要买多少木地板呢？其他的房间铺地板砖，我们再另行计算。

生：3 个房间买多少木地板，需要根据 3 个房间的大小来定。

师：对，3 个房间的大小指的是什么？

生：3 个房间的面积。

师：3 个房间的面积是多少？

生：3 个房间的形状不同，小卧室和书房是长方形，大卧室是正方形。

师：长方形的长和宽相等时就是正方形。

生：那我们先算长方形的面积吧。

师：好！按同学们的思路，小卧室和书房都是长方形，我们先算小卧室的面积。谁知道小卧室的面积？

生 1：（5+4）×2＝18（米）

师：请按你的计算方法，来指一指小卧室的面积。

展示学生指的过程（学生指的是小卧室的周长）。

生 2：不对，×××指的是小卧室的周长，我们需要求的是小卧室的面积。

师：展示铺地板图片，明确求小卧室的面积而不是周长，初步形成空间观念。

师：怎么求呢？

生 2：摆一摆？

生 3：去长 5 米、宽 4 米的小卧室摆，太不方便了。

生 4：小卧室是长方形，我们可以先借助长方形图片摆一摆，如果能得出像周长公式一样的一个公式来，不就可以计算了吗？

师：同学们真是太聪明了！请拿出学具袋，摆一摆，看看能发现什么？

设计意图：三年级学生具有“铺多少地板就是求其面积”的生活经验和长方形、正方形特征以及周长计算的认知基础，从一维的长度单位过渡到二维的面积单位是本节课的知识生长点，教师基于学生的生活经验，找准本节课的知识生长点，抽象出数学问题，启发学生探究的欲望，充分调动学生用数学知识来解决生活中实际问题的积极性。

第二环节：经历实践操作，发展空间观念。

师：学具袋内除了长方形纸板和若干个 1 平方厘米的小正方形纸板，还有一把尺子，尺子是用来做什么的？

生：测量。

师：能测量什么？

生：测量长度/测量长方形的长和宽。

师：无论同学们选择摆一摆还是量一量的操作方法，研究目的都是求长方形面积。操作完成后请根据你选择的方法填写活动单并在小组内交流。

学生活动，教师巡视。选取不同方法进行汇报。

师：通过同学们刚才的操作，我发现全班共有 3 种方法来研究长方形的面积，先请第一种方法进行展示。

1. 摆一摆，数一数。

生 1：我用 1 平方厘米的小正方形纸板把长方形纸板摆满，数了数共摆了 20个小正方形纸板，所以长方形纸（板）的面积是 20 个 1 平方厘米，即 20 平方厘米。

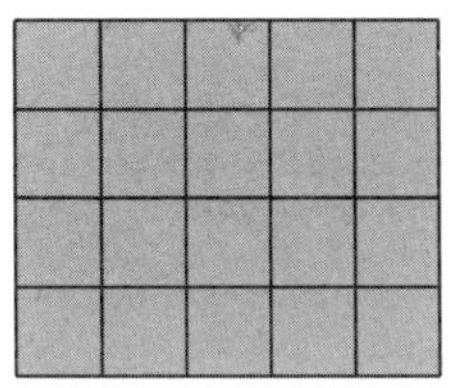

师：这位同学不仅摆得好，而且表达得很清楚，他得出长方形的面积是 20 平方厘米。有请第二种方法进行展示。

2. 摆一摆，算一算。

生 2：我没有铺满长方形纸板，但也可以求出这个长方形的面积。先沿长摆一行，摆了 5 个，说明每行可以摆 5 个面积是 1 平方厘米的正方形纸板；再沿宽摆一列，摆了 4 个，说明可以摆 4 行。通过计算 5×4＝20（个），一共也能摆 20 个面积是 1 平方厘米的小正方形纸板，即 20 平方厘米。

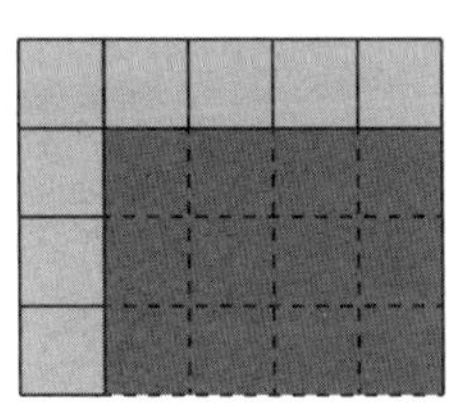

师：说得太好了，同学们理解吗？结合他的算式咱们再仔细研究他的摆法。

生 2：5×4＝20（个）。5 表示一行摆 5 个，4 表示摆 4 行，一共能摆 20 个面积是 1 平方厘米的正方形纸板。

师：摆一行就能知道一行摆的个数（板书），摆一列就能知道可以摆的行数（板书），通过计算就可以得出摆的总个数（板书），真是太精彩了！

师：通过第二种摆法你们发现了什么？

生：摆的总个数与长方形的长和宽有关系。

师：有什么关系呢？我们请第三种方法进行展示。

3. 量一量，算一算。

生 3：用尺子量得长是 5 厘米，则沿长能摆 5 个面积是 1 平方厘米的正方形纸板，量得宽是 4 厘米，沿宽能摆 4 个，通过计算 5×4 = 20（个），不用摆也能想象出一共能摆 20 个面积是 1 平方厘米的小正方形纸板，即 20 平方厘米。

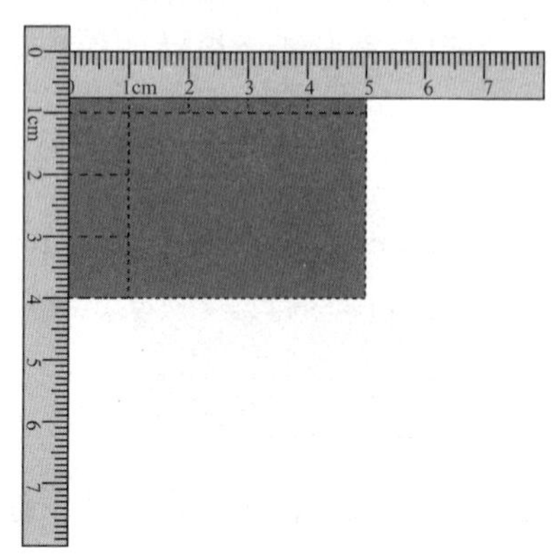

师：这个方法更简单啊！也能得出长方形纸板的面积是 20 平方厘米，同学们同意这个方法吗？

生面面相觑……

师：看同学们的表情，看来第三种方法同学们不太认同，谁能把自己的困惑说一说？

生 4：长是 5 厘米，怎么能摆成 5 个面积是 1 平方厘米的正方形呢？

师：谁能帮忙解释？（老师用鼓励的眼神扫视全班）

生：长是 5 厘米，沿长可以摆 5 个边长是 1 厘米的小正方形，边长是 1 厘米的正方形面积是 1 平方厘米，所以能摆成 5 个面积是 1 平方厘米的正方形。

师：太棒了！宽呢？

生跃跃欲试：宽是 4 厘米，沿宽可以摆 4 个边长是 1 厘米的正方形，所以能摆成 4 个面积是 1 平方厘米的正方形。

师：按第三种操作方法，长是 8 厘米、宽是 6 厘米呢？

生：沿长能摆 8 个面积是 1 平方厘米的正方形，沿宽能摆 6 个，长方形的面积是 48 平方厘米。

师：第三种操作方法不用摆，只需要测量长和宽是几厘米就可以吗？

生 1：对，长是几厘米，沿长就能摆几个小正方形，宽是几厘米，沿宽就能摆几个小正方形，然后用乘法计算一共摆了多少个小正方形，就是多少平方厘米。

生 2：还可以这样说，长的厘米数与宽的厘米数的乘积就是这个长方形能摆的 1 平方厘米面积单位的个数。

师：同学们说得太精彩了！我们由铺满、摆一行一列到量长和宽，都得出了长方形面积是 20 平方厘米。请大家选择自己喜欢的方法求出书房或者其他房间的面积，并填写在学习单上。

师：展示学习单，同学们发现了什么？

房间	长（厘米）	宽（厘米）	面积（平方厘米）
小卧室	5	4	20
书房	5	3	15
厨房	4	3	12
……	……	……	……

生 1：长方形的面积与它的长和宽有关。

生 2：长方形的面积等于长乘宽。

生齐声：对，长方形的面积等于长乘宽。

师：请说一下理由。

生：长方形的长是几，就能沿长摆几个面积单位；宽是几，就能沿宽摆几个面积单位。长乘宽的积就是多少个面积单位，所以长方形的面积等于长乘宽。

师：说得太精彩了！掌声鼓励！

师板书：长×宽=长方形的面积

设计意图：探索长方形面积公式时，给学生留足充分的时间和空间进行操作和交流，从摆一摆、数一数到摆一摆、算一算，再到量一量、算一算，让学生经历从直观到抽象的过程，体会知识的产生及发展，发现三种方法的内在联系，逐步抽象出长方形的面积公式，恰到好处地发展了学生的空间观念，为五年级平行四边形、三角形、梯形和六年级圆面积等打下坚实的基础。

第三环节：增强应用意识，解决实际问题。

师：同学们已经研究出长方形的面积等于长乘宽，现在我们一起来解决小卧室和书房的面积吧。

生：5×4=20（平方米）

　　答：小卧室的面积是 20 平方米。

5×3＝15（平方米）

答：书房的面积是15平方米。

师：请同学们先估计课桌面的面积，再测量并计算。

生：估计：大约是20平方分米。

测量：长是6分米，宽是4分米。

计算：6×4＝24（平方分米）

答：课桌面的面积是24平方分米。

师：请课下估计学校篮球场的面积，再测量并计算。

设计意图：用所学数学知识解决实际问题，让学生感受数学与生活的密切联系，发展学生的应用意识，提高学生解决简单的实际问题的能力。

师：时间过得真快！这节课同学们自己动手、动脑得出了长方形的面积公式，表现得太出色了！马上就要下课了，谁想分享这节课的收获？

生：……

师：同学们有这么多的收获，老师感到特别高兴，希望大家把这种积极探索的精神运用到以后每节课中，我相信同学们一定会体验到数学的乐趣！（下课）

【板书设计】

长方形的面积

长		宽		面积
一行摆的个数	×	行数	=	总个数
5	×	4	=	20（平方米）
长	×	宽	=	长方形的面积

【教学流程】

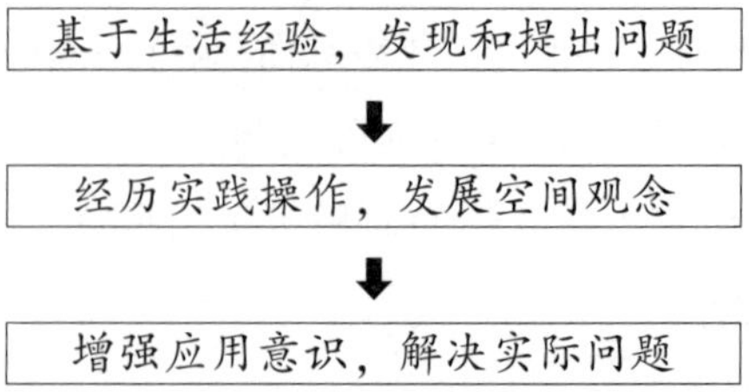

基于生活经验，发现和提出问题

↓

经历实践操作，发展空间观念

↓

增强应用意识，解决实际问题

图2-2　《长方形的面积》课堂教学流程图

第四节　《长方形的面积》案例分析

——从发展学生的空间观念说起

一、背景

空间观念作为《义务教育数学课程标准（2011 年版）》提出的十大核心概念之一，主要体现在图形与几何领域。我县以发展学生空间观念为目标，以皮亚杰的认知发展阶段理论、范希尔的几何思维发展理论为理论基础，以维果茨基的最近发展区和概念形成方法为依据，以《义务教育数学课程标准（2011 年版）》为基石，以青岛版教材为载体，带领全县经过一年的研究，研究出有利于培养学生空间观念的课堂教学流程、教学标准。本节课是典型的研究成果之一，在发展学生空间观念方面尤为有效。本节以长方形的面积为例，进行案例分析与反思。

二、案例描述

《长方形的面积》是一节新授课，学生在上学期刚学习了长方形周长公式，对这节课很容易产生负迁移，但抓住这个负迁移就相当于抓住了学生学习的起点，这个起点对培养学生空间观念至关重要。本节课共分三个环节，每个环节都是以培养学生空间观念为目标进行教学，描述如下。

第一环节：基于生活经验，发现和提出问题。

师：请按你的计算方法，来指一指小卧室的面积。

展示学生指的过程（学生指的是小卧室的周长）

生 2：不对，×××指的是小卧室的周长，我们需要求的是小卧室的面积。

第二环节：经历实践操作，发展空间观念。

(1) 摆一摆，数一数。(2) 摆一摆，算一算。(3) 量一量，算一算。

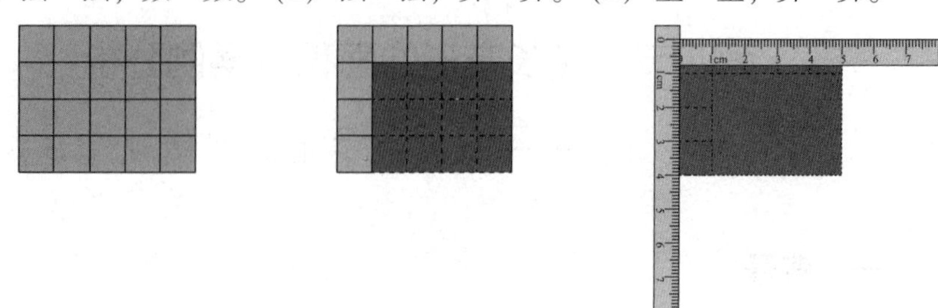

师：同学们说得太精彩了！我们由摆满、摆一行一列到量长和宽，都得出了长方形面积是 20 平方厘米。

设计意图：探索长方形面积公式时，给学生留足充分的时间和空间进行操作和交流，从摆一摆、数一数到摆一摆、算一算，再到量一量、算一算让学生经历从直观到抽象的过程，体会知识的产生及发展，发现三种方法的内在联系，由摆满长方形纸板建立表象，逐级展开想象，恰到好处地发展了学生的空间观念。为五年级平行四边形、三角形、梯形和六年级的圆等面积打下坚实的基础。

第三环节：增强应用意识，解决实际问题。

师：请同学们先估计课桌面的面积，再测量并计算。

生：估计：大约是 20 平方分米。

测量：长是 6 分米，宽是 4 分米。

计算：6×4＝24（平方分米）

答：课桌面的面积是 24 平方分米。

师：请课下估计学校篮球场的面积，再测量并计算。

三、案例分析与反思

《长方形的面积》是在学习周长的基础上进行学习的，是小学阶段平面图形面积计算的起始课，无论是学习内容本身，还是研究问题的方法，对培养学生空间观念发挥着重要的作用。下面主要从以下三个环节进行分析。

（一）在情境体验中初步形成空间观念

基于老师买新房子这一生活情境，再现学生具有空间意识的生活经验，接着出示新房平面图，让学生经历从空间到平面的抽象过程。“铺多少木地板”通过让学生计算、指认小卧室的面积，发现学生所说的面积是小卧室的周长，找准学生的认知起点，进而明确小卧室的面积概念，这样有效引导学生从长度单位过渡到面积单位，帮助学生在情境体验中初步形成空间观念。

（二）经历实践操作，建立和完善空间观念

一是在操作体验中建立空间观念。本节课留足时间和空间让学生参与动手操作，用面积是 1 平方厘米的正方形纸板或直尺去探究长方形纸板的面积。在这个活动中，学生会出现三种情况：学生用小正方形纸板把长方形纸板摆满；沿长摆一行，沿宽摆一列；用直尺量出长方形纸板的长和宽，计算得出长方形纸板的面积。这三种情况如果学生没有经历，何来经验？空间观念就是从现实生活中积累的丰富的几何知识体验出发，从经验活动的过程中逐步建立起来的。因此，本节课让学生从摆或量长方形纸板的感知出发，调动视觉、知觉、听觉等多种感官建构长方形面积的表象，不断积累数学活动经验，实践证明这是培养小学生的空间观念的一种有效的方式。

二是在想象中完善空间观念。激发学生的想象空间和想象能力是空间观念教学的重要内容之一，它是空间观念教学不可或缺的隐形线索。小学生在数学活动中，以头脑中形成的表象为基础，展开想象和推理，才能真正发展学生的空间观念。本节课的第一种方法是摆满后数一数，得出长方形的面积是 20 平方厘米。第二种方法则不用摆满长方形纸板，只需沿长摆一行，沿宽摆一列，想象出摆满的样子，就可计算出一共能摆多少个小正方形。第三种方法只需用尺子量出长是几厘米，宽是几厘米，想象出沿长能摆几个，沿宽能摆几个，计算出一共能摆多少个小正方形，从而求长方形的面积。这三种方法，以摆满长方形的表象为基础，逐级展开想象，真正让学生经历了从摆一摆到量一量，再到想一想的过程，从直观到抽象，循序渐进地建立、完善学生的空间观念。

（三）解决实际问题，发展空间观念

数学源于生活，又应用于生活，学习数学最终是为了解决生产和生活中的问题。因此，学生空间观念的形成、发展只有与生活实际紧密联系，才能进一步得到巩固和提高。教师引导学生得出长方形面积公式时，先请学生们计算小卧室的面积，然后请学生们先估计课桌面的面积，再测量并计算，还让学生们课下估计篮球场的面积，再测量并计算。这些活动的设计不仅巩固了面积的计算方法，还加强了数学与生活的联系，更加有效地发展了学生的空间观念。

总之，空间观念的培养应贯穿于图形与几何领域教学的全过程，通过创设情境、加强实验操作、解决实际问题，帮助学生初步形成、建立、完善、发展空间观念，真正体验到学习数学的乐趣，获得良好的数学教育。

第五节　小学数学概念思维能力教学研究初步成果

在2014年视导发现问题后，我们找准研究点，以图形与几何领域内容为载体开展空间观念的研究，系统促进小学生数学概念思维能力的提升。2015年学期末总结归纳出空间观念的课堂教学流程、教学标准，这给我们巨大的力量。小学阶段共十个核心概念，一年的时间，我们系统研究了其中的一个。接下来要开展数感、符号意识、运算能力这三个核心概念的研究。这三个核心概念主要体现在“数与代数”领域，于是开启“数与代数”的相关研究。

一、数感、符号意识、运算能力的研究

“数与代数”是第一、二学段学生学习的主要内容，从内容数量上看，是四大课程内容中所占比例最大的一部分，原因是这一部分内容是学习其他内容的基础，也是数学体系中不可或缺的核心知识。两个学段的内容涉及数的认识、数的运算、常见的量、式与方程、正反比例、探索规律六个主题，两个学段的内容采用螺旋上升、逐步递进的方式设置，因此，如何在此领域培养学生的数感、符号意识、运算能力更需要系统化的研究。

（一）研究方式和空间观念类同

同空间观念的研究方式相同，先是把小学阶段的数与代数的内容按核心概念、所在领域、主题、学段、青岛版教材五个维度进行梳理，按“数与代数”领域把一至六年级的数学教材进行梳理；然后把每个主题按学段、年级、单元进行梳理，如此繁多的知识点通过主题式梳理，就像一条条清晰的线，便于一线教师系统掌握课程标准、教材及相应核心概念的培养方式，主题式梳理已成为课题研究的一大成果，颇受广大一线教师的喜爱。

（二）研究成果类同

主题式梳理将研究内容系统化后，使教师树立概念的整体意识，便于从中找到共性，抓住“数与代数”的本质，从中总结归纳出体现三大核心概念的“数与代数”领域的课堂教学流程；为检验此流程的课堂教学效果，又研制出相应的教学标准，以此推动小学数学概念思维能力教学研究。

数据分析观念主要体现在统计与概率领域，几何直观、推理能力和模型思想体现在不同内容领域，还有超越课程内容的应用意识和创新意识，由主题式梳理到课堂教学流程的研制，由教学流程到教学标准的研究，使学生初步形成概念式思维，落实了课程标准的十大核心概念，有效达成课程目标。

二、小学数学概念思维能力教学研究成果初现

2018 年 1 月 4 日，如何使学生的空间观念在课堂教学中真正落实，真正达到课程目标的要求，小学数学概念思维能力教学研究成果推广会在平原县第一实验小学举行。

（一）递进式课例，尽显层次化设计

精选三节课例，三年级下册《长方形的面积》、五年级上册信息窗 1《平行四边形的面积》、五年级上册信息窗 2《三角形的面积》这三节课例无论是内容还是教学策略都呈现良好的层次性。《长方形的面积》是用数 1 平方厘米的小正方形格子来推导长方形面积公式；《平行四边形的面积》从数 1 平方厘米的格子入手，出现了不满一格的现象，运用平移的方法把平行四边形转化成长方形，进而推导出平行四边形面积公式；《三角形的面积》则运用平移与旋转把三角形转化成平行四边形，进而推导出三角形面积公式。由此，不仅让数学教师感受到数学知识的连贯性，而且体会到培养空间观念的可持续性，更让在场教师深切感受到我县 5 年来进行小学数学概念思维能力教学研究的必要性。

（二）全方位解读，尽显成果系统化

基于以上三节典型课例，解读如何通过主题式梳理、教学流程、教学标准的研发，促进小学数学概念思维能力的提升。使一线数学教师不仅深刻体会到空间观念的培养是建立在学生观察、操作的基础上的，还要体会到空间观念培养的连续性和可持续性，更要体会到空间观念的系统化培养对于学生形成数学概念式思维的重要性，尽显研究成果的系统化。

以空间观念为例，将小学数学概念思维能力教学研究成果进行展示。

表 2-2 为空间观念主题式梳理。图 2-3 为课堂教学流程图。表 2-3 为空间观念教学评价标准。

表 2-2 空间观念主题式梳理

核心概念	所属领域	主题	学段	年级	学生现有基础	后续学习影响	培养方式	课程目标
空间观念	图形与几何	图形的认识:12单元	第一学段5个单元	一年级上册	小学生有用长方体、正方体、圆柱和球等各种形状的物体摆积木、拼搭的生活经验，但这些经验是感性的。	为今后学习立方图形、平面图形打下良好基础。	通过拼、摆、摸、滚等操作活动，培养初步的观察、比较、抽象等思维能力，发展初步的空间观念。	能通过实物和模型辨认长方体、正方体、圆柱和球等几何体。
				……	……			
			第二学段7个单元	……				
		测量	……					
		图形的运动	……					
		图形与位置	……					

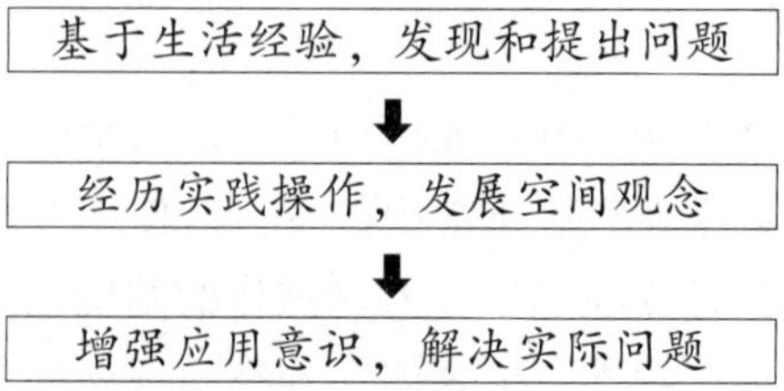

基于生活经验，发现和提出问题

↓

经历实践操作，发展空间观念

↓

增强应用意识，解决实际问题

图 2-3 课堂教学流程图

表 2-3　空间观念教学评价标准

评价指标	水平层级		
	优　秀	良　好	合　格
基于生活经验，发现和提出问题	1. 基于学生已有的认知基础和生活经验，提供丰富的生活情境，使数学学习与生活实际紧密结合。 2. 在生活情境中，能顺利发现和提出问题。 3. 激发学生探索欲望，培养学生的创新意识。	1. 基于学生的认知基础和生活经验，提供生活情境，使数学学习与生活实际相结合。 2. 在生活情境中，能发现和提出问题。 3. 激发学生探索欲望。	1. 提供生活情境，使数学学习与生活实际相结合。 2. 在生活情境中，能发现和提出问题。
经历实践操作，发展空间观念	1. 精心设计符合学生认知过程的实践操作活动。 2. 合理指导学生利用学具开展操作活动，及时关注学生操作的有效性，充分经历新知的建构过程。 3. 充分把握好学生的发展关键期，循序渐进地发展学生的空间观念。	1. 设计符合学生认知过程的实践操作活动。 2. 关注并指导学生的操作，经历新知的建构过程。 3. 了解学生的发展关键期，有意识地发展学生的空间观念。	1. 设计实践操作活动。 2. 关注学生的操作，经历新知的建构过程。 3. 在操作活动中有意识地发展学生的空间观念。
增强应用意识，解决实际问题	1. 学生能主动、熟练地运用所学数学知识、数学方法解决生活中的实际问题。 2. 在解决问题的过程中，感受数学和现实生活的密切联系，体会学数学、用数学的乐趣，树立正确的数学观。	1. 学生能主动运用所学数学知识、数学方法解决生活中的实际问题。 2. 在解决问题的过程中，感受数学和现实生活的密切联系，树立正确的数学观。	1. 学生能运用所学数学知识、数学方法解决生活中的简单的实际问题。 2. 在解决问题的过程中，感受数学和现实生活的密切联系，树立正确的数学观。

中篇　核心素养与数学概念课型

为把党的十八大和十八届三中全会关于立德树人的要求落到实处，2014年教育部研制印发《关于全面深化课程改革落实立德树人根本任务的意见》（教基二〔2014〕4号）；2016年9月，《中国学生发展核心素养》总体框架正式发布；《普通高中数学课程标准（2017年版）》的颁布，标志着把核心素养和学业质量要求落实到数学学科教学中。

基于学科大概念，通过小学数学概念思维能力教学研究，在课堂教学中真正落实了十大核心概念，达到课程最高目标的实现。但是，十大核心概念区别于日常教学时学生应掌握的数学概念。如“分数”的概念，它是与学生本人的数学认知结构水平相适应的，同样是“分数”的概念，由于认知结构水平的不同，存在着不同水平的理解：三年级只需达到“像$\frac{1}{2}$、$\frac{1}{4}$、$\frac{1}{8}$、$\frac{3}{4}$……这样的数，都是分数”的直观理解；而五年级可以用“把单位‘1’平均分成若干份，表示这样的一份或者几份的数，叫作分数”这样准确的数学语言来理解。这种抽象水平的层次反映了学生数学认知结构水平对概念掌握的制约性，这是教师把握概念教学要求的依据之一，也是促进小学生数学概念思维能力的重要一环。即，如何把核心概念这一宏观层面上建构的数学概念式思维运用到微观的数学概念课型上，抑或是其他课型，是否概念式思维也有利于课程目标的达成？

于是，针对县域内如何通过小学数学概念思维能力教学研究，实现数学核心素养、课程标准、课堂教学的有效对接，我们开启了基于核心素养的数学概念课型研究。

第三章　小学数学概念思维能力课型

随着《普通高中数学课程标准（2017 年版）》的颁布，紧跟时代人才培养要求，在前期纵向研究核心概念的基础上，我们采取横向研究，把小学数学教学内容规划为知识形成课型、知识巩固课型、知识复习课型，其中知识形成课型又分为概念课、运算课、规律课三种课型。经过小学数学概念思维能力课型的教学研究，实现数学核心素养、课程标准、课堂教学的有效对接。

第一节　小学数学概念课型的分类

实现学生核心素养具体化、易操作化的必要途径是基于核心素养的课堂教学以及基于核心素养的评价。从 2016 年 9 月《中国学生发展核心素养》的发布到《普通高中数学课程标准（2017 年版）》的正式出版，标志着核心素养的研究已经聚焦到学科教学的层面。

一、确定研究方向

课堂教学中落实核心素养已经迫在眉睫，虽然小学数学课程标准还没出版，但是我们厘清了“十核”与“六核”的关系，依据《普通高中数学课程标准（2017 年版）》的六大核心素养，在前期小学数学概念思维能力教学研究的基础上，紧跟时代需要，率先引领教师基于核心素养，把小学数学概念思维运用到各种课型中，真正实现我县小学生概念思维能力的再提升。

我们对小学数学概念思维能力教学研究已经经历了 6 年，制定的小学数学教学评价标准备受一线教师的青睐。如何关注核心素养在课堂教学的具体落实，引领一线教师了解当前教育背景，及时更新育人观念，围绕“要培养什么样的人”这一最根本的教育问题，立足课堂寻求落实核心素养的实践方法，努力构建一套科学的行之有效的基于核心素养的小学数学概念思维能力提升的课堂教学评价标准，为新时代背景下落实立德树人促进小学数学教学改革，以及为小学数学教师的课堂教学提供一种可借鉴的操作模式，从而加快素质教育的步伐。

以前期纵向研究为基础，变革研究方式。数学作为一门学科，依据数学学科的特征，将四大领域统一起来，根据教学内容、所承载的主要核心素养等，计划开展横向的数学课型研究。

检索课型的含义，有如下的概述：课堂教学的课型泛指课的类型或模型，是课堂教学最具有操作性的教学结构和程序。现代教学理论认为，教学过程结构是课型分类的主要依据之一，特定的课型必然有特定的教学过程结构。

还有如下的概念：“课型”，一是指课的类型，它是在对各种课进行分类的基础上产生的。在教学中，有的课主要是传授新知识，有的课主要是复习巩固应用知识，有的课要进行实验操作，培养学生的动手能力……课型就是把各种课按照某种标准划分为不同类型，每一种类型就是一种课型。二是指课的模型，它是对各类型的课在教材、教法方面的共同特征抽象概括的基础上形成的。

依据吴亚萍教授的分类，根据数学教学的性质，课型可分为知识形成课型、知识巩固课型和知识复习课型，这是一级分类；以此为出发点，对知识形成课型按照数学教学的不同内容做二级分类，可分为概念教学课型、运算教学课型、规律教学课型。① 如图 3-1：

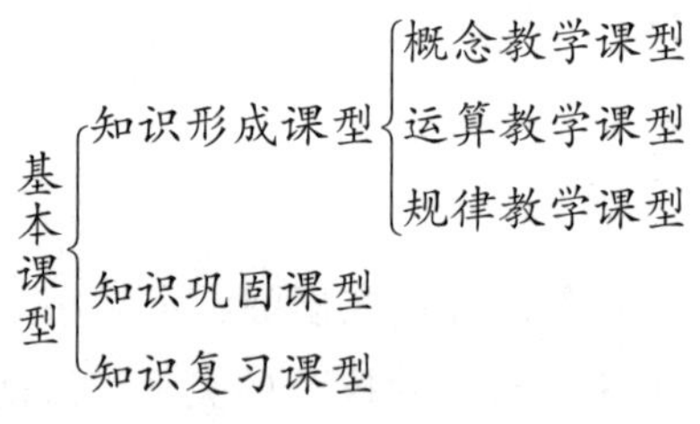

图 3-1　课型的分类

小学阶段的数学学习，学生最先接触到的必然是相应知识的数学概念，因为概念是构成数学基础知识的重要内容，同时概念也是学习其他数学知识的基础，任何数学知识的学习都离不开数学概念。纵向研究得出的是宏观层

① 参见吴亚萍：《中小学数学教学课型研究》，福建教育出版社 2014 年版，第 22 页。

面构建概念思维的策略，对于微观的数学概念课，是否同样适用呢？因此，首先开启概念教学课型的研究。

二、细化研究目标

确定研究方向之后，课题组在以维果茨基概念发展理论、皮亚杰的认知发展理论、范希尔理论、杜威的反省思维基础上新添认知心理学的信息加工理论和多元智能理论，有了以上理论支撑，我们细化课题研究目标，便于有的放矢地开展研究工作。

第一，聚焦到课时，进行课型梳理，研制教学模板，为教师课前备课提供依据。课型梳理时，每种课型均从课型、核心素养、课程标准、教学内容及教学实施建议五个维度进行梳理，便于从大量实例中抽出概念课的本质；并研制相应课型的教学设计模板，为教师课前备课提供依据。

第二，研制五种课型的教学模式，为教师上课提供依据。因为课型不同，重点发展学生的核心素养不同，因此课型的教学模式也不同，但是在本书上篇中研究的“三环”教学流程相对比较宽泛，此次为便于教师操作借鉴，完善“三环”形成相应课型的教学模式，便于从课堂教学中促进小学生概念思维的发展，让课堂教学有据可依。

第三，研制出评价标准，为课后评价课堂教学效果提供依据。评价标准包括教师教的标准、学生学的标准、课堂教学评价标准，不同课型的评价标准不同，但评价维度、评价指标、评价层级相同。教师教的标准能准确把握数学学科核心素养的培养方向，通过有效组织教学活动，衡量是否达成课时目标和育人目标。学的标准指学生在教师的指导下，通过主动参与各种学习活动，衡量是否将学科知识与技能转化为自身的学科核心素养的尺度。评价标准是通过教学活动能否实现教学目标，达成良好教学效果的标准尺度，促进教、学、评三位一体的良性循环。

总之，在基于学科核心素养的视角下，开展小学数学概念思维能力教学研究，实现核心素养在课堂教学中的落地，无论是前瞻性还是实用性，预期成果都会有较高的推广和应用价值，因此，我于 2019 年 4 月成功申报了山东省基础教育教学改革项目《基于核心素养下的小学数学课堂教学标准建设研究》。

第二节　数学概念课型的理解

从微观研究如何促进小学生数学概念思维的发展，首先要了解数学概念课型的特点和存在的问题及所承载的数学核心素养，才能正确构建小学生数学概念式思维。

一、深刻理解数学概念课型的内涵

概念（idea，notion，concept）是人类在认识过程中，从感性认识上升到理性认识，把所感知的事物的共同本质特点抽象出来，加以概括，是自我认知意识的一种表达，可形成概念式思维惯性，是人类所认知的思维体系中最基本的构筑单位。

数学概念（mathematical concepts）是人脑对现实对象的数量关系和空间形式的本质特征的一种反映形式，即一种数学的思维形式。

数学概念教学课型是数学知识形成意义上的三大基础课型中之基础，目的是使学生掌握数学概念，形成对数学基本的、概括性的认识的一种课型。即通过数学概念课教学能使学生明确概念的内涵、外延，熟悉其表述；了解概念之间的关系，会对概念进行分类，从而形成概念系统；了解概念的来龙去脉，能够正确运用概念。

小学阶段的数学概念课型主要分布在数与代数、几何与图形、统计与概率领域中。在数与代数领域中的数的概念有整数、小数、分数、正负数等，运算的概念有加、减、乘、除等，数量关系概念有比、比例、等式、方程等；几何与图形领域中涉及的概念有图形的认识、测量、运动和图形与位置，图形的认识中各种平面图形的认识及特征都属于概念教学，图形的测量包括各种计量单位的认识、图形的周长、面积、体积和容积的概念，图形的运动有轴对称图形、旋转和平移的认识，图形与位置中的方向、数对、比例尺都属于概念教学；统计与概率领域的概念包括各种统计图表的认识、平均数、可能性的概念，以及确定事件和不确定事件。

如此重要的基础课型，当前的教学现状如何呢？对此我们做了调查。

二、数学概念课型在数学课堂教学中存在的问题

（一）重结论，轻探索

根据学生对于数学概念的心理建构过程，美国的杜宾斯基（E. Dubinsky）等人在数学教育研究实践中总结了一种教学理论，认为学生对于数学概念的建构过程要经历以下四个阶段：一是活动阶段（action），形成概念所要进行的活动与操作，通过活动操作，理解概念的内涵及意义。二是过程阶段（process），通过活动操作归纳概括抽象命名形成概念。三是对象阶段（object），把概念当作一个独立的对象在高一层次进行运算。四是图式阶段（scheme），此时的概念以一种综合的心理图式存在于脑海里，在数学知识体系中占有特定的地位。这一心理图式含有概念的具体实例性质、抽象的过程、完整的定义，以及和其他概念的区别与联系。以这四个阶段英语单词的首字母进行命名，称为 APOS 理论。①

杜宾斯基的四个阶段强调了学生经历数学概念形成过程的重要性，而目前的概念课堂教学还有不少教师以高效课堂为由，不经学生探索过程，直接从具体要求情境或事例中抽象出概念，然后以最短的时间和最快的速度让学生强行记忆，留有大量的时间进行与所学概念相关的习题操练。在习题的操练中，使学生辨析、理解概念，这样的教学使学生缺少对概念内涵本质的理解、内化和把握，一旦在新情境下运用此概念解决实际问题，才发现学生在头脑里并没有形成相关概念的认知网络，显然课程目标没有完成，相应的核心素养又该如何发展呢？

（二）重形象，轻抽象

由于年龄、生活经验的局限，小学生的认知特点主要是以形象思维为主，对抽象的概念提炼和表述确实存在着一定的难度。此阶段的学生认识一个事物，理解一个数学道理，主要是凭借事物的具体形象。因此，小学教师比较重视设计一些数学活动，目的是使学生通过直观形象的操作来理解概念，进而概括提炼出概念。可是在实际教学中，学生对具体材料的操作非常感兴趣，等学生从操作中冷静下来时，时间已经过了大半，还没来得及将操作中的发

① 参见吴亚萍：《中小学数学教学课型研究》，福建教育出版社 2014 年版，第 180 页。

现进行深度交流和思考，教师便迫不及待地对概念进行归纳和总结。这样的课堂教学只是停留在直观形象的操作层面上，并不能使学生透过材料或活动表面发现概念的本质特点，又如何引导学生经历归纳概括和抽象提炼概念的过程呢？

三、数学概念课型主要承载的核心素养

针对当前数学概念课型的教学现状，要想寻求突破点，必须从顶层设计开始。《普通高中数学课程标准（2017 年版）》中明确，数学学科核心素养包括：数学抽象、逻辑推理、数学建模、直观想象、数学运算、和数据分析。依据概念教学课型的特点，主要承载数学抽象和数学建模的核心素养，具体分析如下。

数学抽象是指通过数量关系与空间形式的抽象，得到数学研究对象的素养。主要包括：从数量与数量关系、图形与图形关系中抽象出数学概念及概念之间的关系，从事物的具体背景中抽象出一般规律和结构，并用数学语言予以表征。①

数学概念的形成过程是一个由表及里发现和提炼本质特点的过程，更是一个对概念本质特点进行归纳概括和抽象命名的过程。② 这个过程在课堂教学中的表现，即为帮助学生通过操作、探索活动发现其隐含的本质特点，使学生会用数学的眼光观察现实世界；而且还要引导学生经历归纳概括、抽象概念的过程，帮助学生会用数学的思维思考现实世界；最后还要引导学生在新情境中运用概念解决实际问题，从而帮助学生会用数学的语言表达现实世界。

数学建模是对现实问题进行数学抽象，用数学语言表达问题、用数学方法构建模型解决问题的素养。数学建模过程主要包括：在实际情境中从数学的视角发现问题、提出问题，分析问题、建立模型，确定参数、计算求解，检验结果、改进模型，最终解决实际问题。③

数学建模素养形成和发展于学生感悟模型思想的过程中，以数学建模能力为外显，因此，可以说存在数学建模的地方，就存在数学模型思想。小学

---

① 参见中华人民共和国教育部：《普通高中数学课程标准（2017 年版）》，人民教育出版社2018 年版，第 4 页。

② 参见吴亚萍：《中小学数学教学课型研究》，福建教育出版社2014 年版，第 180 页。

③ 参见中华人民共和国教育部：《普通高中数学课程标准（2017 年版）》，人民教育出版社 2018 年版，第5~6 页。

阶段，如果我们把数学中的概念看作数学模型的话，那么在建立和运用这些概念的过程中，就发展了学生的数学建模素养。特别是第一学段，数学建模素养的教学，主要是通过一定的实际情境，让学生在形成一些简单的数学模型的过程中，培育数学建意识，提升数学学习能力。

通过理解数学概念课型的内涵、调查该课型在数学课堂教学中存在的问题、掌握数学概念课型主要承载的核心素养，本书力求从微观入手，具体到课时，针对数学概念课型，从课型、学科核心素养、课程标准、教学内容、教学实施建议五个维度，力求搭建构造小学生数学概念思维的桥梁，把核心素养、课程标准和教学内容三者有效对接。

第四章 小学数学概念课型的设计

借鉴纵向研究核心概念时的主题式梳理，此次课型梳理从课型、核心素养、课程目标、教学内容、落实核心素养实施建议五个维度进行梳理。教学设计模板基于课型梳理，针对数学概念课型的特点和所承载的核心素养，积极修改完善小学数学概念思维能力教学研究的初级成果，使之更好地用于数学概念课型的研究。

第一节 小学数学概念课型与课程标准

数学概念课型是典型的培养学生数学概念思维的课型，概念形成是概念学习历程中非常重要的一部分，也是思维过程中最复杂的部分。维果茨基曾提过："了解概念形成的过程，即可把握住儿童认知与思维的过程。"由于概念形成的核心是理解，而理解是一种心理结构的构造过程，因此概念就是理解状态的某种心理表征，而这个结果又影响下一次的概念形成，构成了一个所谓的"理解循环"。①

因此，课型梳理表基于数学六大核心素养，依据《义务教育数学课程标准（2011 年版）》，教学内容主要以信息窗为单位，根据课时容量适当进行调整，对一至六年级典型的概念课型进行梳理。本次梳理采用框架式结构，在教师备课时提供实施建议，至于如何具体落实还需教师个性添加，这样的梳理方式既便于教师准确把握课堂教学方向，又给教师探索课堂教学留有足够的空间，更便于一线教师在教学实践中修改完善小学数学概念思维能力教

① 参见鲍建生、周超：《数学学习的心理基础与过程》，上海教育出版社 2009 年版，第 117 页。

学研究的初级成果（见表 4–1 至表 4–6）。

表 4–1　一年级概念课型梳理表

年级	课型	核心素养	课程标准	教学内容	落实核心素养教学实施建议
一年级上册	概念课	数学抽象 直观想象 数学建模	在现实情境中理解 1～5 各数的意义，能用数表示物体的个数或事物的顺序和位置。	第一单元窗 1：1～5 的认识	1. 借助生活情境，呈现不同个数的物体、点子图、数字卡片，使学生经历一个从物到点再到数的抽象过程，理解 1～5 各数的意义，鼓励学生有序地数，落实数学抽象的核心素养。 2. 通过拨一拨，能用数表示物体的个数，会在田字格里写数，使学生经历由数到物的过程，落实直观想象的核心素养。 3. 通过分一分，用图示的方法表示 4 的所有组成，使学生经历 5 以内数组成的抽象过程，落实数学建模的核心素养。
		数学抽象 数学建模	在现实情境中理解 6～10 各数的意义，能用数表示物体的个数或事物的顺序和位置。	第一单元窗 3：6～10 的认识	1. 创设生活情境，参照 1～5 的学习，呈现不同个数的事物、点子图、数字卡片，逐步抽象出 6～10 各数，理解 6～10 各数的意义，渗透一一对应的思想，会写 6～10 各数，落实数学抽象的核心素养。 2. 通过数一数，认识第 1、第 2……第 10 等，加深对基数和序数的区别，培养学生的数感，落实数学建模的核心素养。
		直观想象 数学抽象	会用上、下、左、右、前、后描述物体的相对位置。	第四单元：认识位置	1. 借助已有生活经验，创设游戏情境，初步体验上、下、前、后、左、右，启发引导学生认识身体上的左右，感受左右是相对的，落实直观想象的核心素养。 2. 结合身体上的左右，了解生活中的左右，引导学生用左右来描述两个物体的相对位置，落实数学抽象的核心素养。

续表

年级	课型	核心素养	课程标准	教学内容	落实核心素养教学实施建议
一年级上册	概念课	直观想象 数学抽象 数学建模	1. 在现实情境中理解11~20各数的意义，能认、读、写11~20各数，能用数表示物体的个数或事物的顺序和位置。 2. 能说出各数位的名称，理解各数位上的数字表示的意义。	第五单元 窗1：11~20各数的认识	1. 创设生活情境，通过数一数，渗透一一对应思想，通过摆一摆，认识到把“十”作为计数单位的必要性，落实直观想象的核心素养。 2. 通过拨一拨，借助计数器认识个位和十位，11的组成及11的读法和写法，加深对11的意义的理解，落实数学抽象的核心素养。 3. 通过摆小棒、拨计数器，用数表示物体的个数，使学生认识到20产生的必要性，同时深化“满十进一”十进制计数原理，渗透数形结合思想，落实数学建模的核心素养。
		数学抽象 数学建模	能通过实物和模型辨认长方体、正方体、圆柱和球等几何体。	第六单元：认识图形	1. 借助已有生活经验，创设生活情境，让学生用不同的物体进行拼搭，然后根据形状进行分类，进而抽象出长方体、正方体、圆柱和球，充分展现从“物”到“形”的思维过程，落实数学抽象的核心素养。 2. 通过摸一摸、滚一滚、想一想等活动，初步感知长方体、正方体、圆柱和球的特征，引导学生根据图形寻找生活中的实物，形成从“形”到“物”的思维过程，落实数学建模的核心素养。

续表

年级	课型	核心素养	课程标准	教学内容	落实核心素养教学实施建议
一年级下册	概念课	数学抽象 数学建模	1. 在现实情境中理解百以内数的意义，能认、读、写百以内的数，能用数表示物体的个数或事物的顺序和位置。 2. 能说出各数位的名称，理解各数位上的数字表示的意义。	第三单元窗 1：100以内数的认识	1. 创设生活情境，借助小棒摆一摆，数一数，让学生经历数的过程，用计数器拨一拨，并在相应的位置写出28，并读出来，逐步理解28的意义，落实数学抽象的核心素养。 2. 从99数到100，通过摆一摆、拨一拨，体现个位满10向十位进1，十位满10再向前一位进1，于是产生新的数位“百位”，引导学生构建数位“百位”和计数单位“百”，理解数位的顺序和数位的意义，落实数学建模的核心素养。
		数学抽象 数学建模	能辨认长方形、正方形、三角形、平行四边形、圆等简单图形。	第四单元：认识图形	1. 借助学生已有生活经验，自主认识图形；运用学具给图形按形状进行分类，直观认识图形，抽出图形模型，落实数学建模的核心素养。 2. 通过看一看、摸一摸、画一画、描一描等数学活动，使学生经历从物体表面抽象出平面图形的过程，感受“体”上有“面”，“面”附于“体”，落实数学抽象的核心素养。
		数学建模 数学抽象	1. 结合生活实际，经历用不同方式测量物体长度的过程，体会建立统一度量单位的重要性。 2. 在实践活动中，体会并认识长度单位厘米。 3. 能估测一些物体的长度，并进行测量。	第八单元窗 1：厘米的认识	1. 借助问题情境，体会产生统一长度单位的必要性；引入对“厘米”的认识，借助直尺建立1厘米的长度观念；寻找生活中长度是1厘米的物体，帮助学生建立1厘米的表象，从而形成1厘米的完整认知，落实数学建模的核心素养。 2. 用不同方法测量一拃的长度，形成正确的测量方法，引导学生用拃估测身边的物体，培养估测能力；通过画线段、量线段，巩固正确的测量方法，落实数学抽象的核心素养。

表 4-2　二年级概念课型梳理表

年级	课型	核心素养	课程标准	教学内容	落实核心素养教学实施建议
二年级上册	概念课	数学抽象 数学建模	结合生活情境认识角，了解直角。	第三单元窗 1：角的初步认识	1. 借助情景图和已有生活经验，首先引导学生通过看一看，摸一摸，直观感受生活中的角，然后通过观察、分析从实物中抽象出角，使学生经历从“物”到“形”的抽象过程，认识数学上的“角”是一种图形，落实数学抽象的核心素养。 2. 通过在生活中找角、做角，与三角板上的角比一比，从而了解直角，并会用简单的方法比较角的大小，落实直观想象的核心素养。
		直观想象 数学抽象	了解锐角和钝角。	第三单元窗 2：认识锐角和钝角	呈现学生做角的情境，可以用纸折角、剪角、用小棒摆角等多种做角的方法，然后把做成的角与三角板上的直角比一比，由此认识锐角和钝角，落实直观想象、数学抽象的核心素养。
		直观想象 数学抽象 数学建模	结合具体情境，认识平均分。	第五单元窗 1：认识平均分	1. 借助生活经验，引出平均分，让学生用学具摆一摆，分一分，交流归纳出分法不同，但每人分的同样多，加深对平均分意义的理解，落实直观想象的核心素养。 2. 体会平均分的另一种情况，让学生用学具摆一摆、圈一圈，再次经历分的过程，深入认识平均分，落实数学抽象的核心素养。 3. 让学生经历平均分的两种情况，构建平均分的数学模型，落实数学建模的核心素养。

续表

年级	课型	核心素养	课程标准	教学内容	落实核心素养教学实施建议
二年级上册	概念课	直观想象 数学抽象 数学建模	结合具体情境，体会除法运算的意义。	第五单元窗3：除法的意义	1. 借助生活情境，两次让学生用学具摆一摆、圈一圈，体会平均分的两种情况，落实直观想象的核心素养。学生通过各种学具进行直观操作，主动参与“平均分”的过程，体会除法的两种意义。 2. 两次分法不同，但都可以用数学式子表示，从而抽象出除法的两种意义，落实数学抽象的核心素养。 3. 两次让学生经历操作、观察、思考、交流、抽象的过程，从而理解除法的意义，构建除法算式的数学模型，落实数学建模的核心素养。
		直观想象 数学抽象 数学建模	给定东、南、西、北四个方向中的一个方向，能辨认其余三个方向，会用这些词语描绘物体所在的方向。	第六单元：认识方向	1. 借助学生的生活经验，以太阳为参照物，确定东、南、西、北四个方向，落实直观想象的核心素养。 2. 把生活中的东、南、西、北四个方向呈现在平面图上，使学生经历画平面图的过程，并能从给定的一个方向辨认其余三个方向，从而落实数学抽象的核心素养。

续表

年级	课型	核心素养	课程标准	教学内容	落实核心素养教学实施建议
二年级下册	概念课	数学建模 直观想象	1. 在现实情境中理解千以内数的意义，能认、读、写千以内的数。 2. 能说出各数位的名称，理解各数位上的数字表示的意义，知道用算盘可以表示多位数。	第二单元窗 1：千以内数的认识	1. 在现实情境中，学生通过摆一摆、拨一拨，真实感受千以内数的大小，理解千以内数的意义，能认、读、写千以内的数，落实数学抽象的核心素养。 2. 通过在计数器上拨一拨、数一数，能说出各数位的名称，解决抽象的计数单位和数位，渗透数形结合思想，经历从具体事物中抽象出数学模型的过程，落实数学建模的核心素养。 3. 认识算盘，通过在算盘上拨数，知道用算盘可以表示多位数，落实直观想象的核心素养。
		数学抽象 数学建模	1. 在现实情境中理解万以内数的意义，能认、读、写万以内的数。 2. 能说出各数位的名称，理解各数位上的数字表示的意义，知道用算盘可以表示多位数。	第二单元窗 2：万以内数的认识	1. 根据现实情境，通过摆学具、拨计数器等实践操作，感受万以内数的大小，理解万以内数的意义，能认、读、写万以内的数，落实数学抽象的核心素养。 2. 通过摆一摆、拨一拨、数一数，体会一万有多大，感受“大数”的存在，整理数位顺序表，能说出各数位的名称，理解各数位上的数字表示的意义，经历认识数、数位的过程，落实数学建模的核心素养。

续表

年级	课型	核心素养	课程标准	教学内容	落实核心素养教学实施建议
二年级下册	概念课	直观想象 数学抽象	在生活情境中感受大数的意义，并能进行估计。	第二单元信息窗 3：认识近似数	1. 借助数轴，帮助学生直观理解一个数取近似数的方法，经历用万以内的数估计事物数量的过程，进一步发展估计意识，落实直观想象的核心素养。 2. 借助生活情景，探索万以内数的大小的不同比较方法，培养学生数感，落实数学抽象的核心素养。
		直观想象 数学抽象	在实践活动中，知道分米、毫米，能进行简单的单位换算，能恰当地选择长度单位。	第三单元窗 1：毫米、分米的认识	1. 依据生活经验，通过猜想、测量、验证等活动，逐步建立 1 毫米、1 分米的长度观念，借助直尺，知道 1 毫米、1 分米的长度，落实直观想象核心素养。 2. 借助直尺，通过数一数、算一算，交流探索简单的单位换算方法，让学生经历从实际操作到抽象思维的过程，落实数学抽象的核心素养。
		直观想象 数学抽象	在实践活动中，体会并认识长度单位千米，能进行简单的单位换算，能恰当地选择长度单位。	第三单元窗 2：千米的认识	1. 结合具体情境，建立 1 千米的表象，也可通过测量感受 1 千米的长度，体会并认识 1 千米，落实直观想象的核心素养。 2. 借助已有经验，迁移学习方法，进行简单的单位换算，引导学生总结学过的长度单位，从而形成长度单位的概念，落实数学抽象的核心素养。
		数学抽象 数学建模	通过观察、操作，初步认识长方形、正方形的特征。	第七单元窗 1：认识多边形	1. 创设现实情境，通过折一折、量一量等操作活动，从边和角两方面认识长方形、正方形的特征，落实数学抽象的核心素养。 2. 长方形、正方形都是四边形，通过交流讨论，认识五边形、六边形，落实数学建模的核心素养。

表 4-3 三年级概念课型梳理表

年级	课型	核心素养	课程标准	教学内容	落实核心素养教学实施建议
三年级上册	概念课	数学抽象 数学建模	1. 在现实情境中，感受并认识克、千克、吨，能进行简单的单位换算。 2. 能结合生活实际，解决与常见的量有关的简单问题。	第一单元：克、千克、吨的认识	1. 创设现实情境，通过让学生估一估、掂一掂、称一称，经历猜想—体验—验证的学习过程，遵循由感性到理性的认知规律，建立质量观念，认识克、千克、吨，落实数学抽象的核心素养。 2. 通过比较，加深理解克、千克、吨之间的联系，能进行简单的单位换算；能用适当的单位表示物体的质量，结合生活实际，解决与质量有关的简单问题，落实数学建模的核心素养。
		数学抽象 数学建模	知道东北、西北、东南、西南四个方向，会用这些词语描绘物体所在的方向。	第四单元窗 1：位置与方向	1. 在具体的生活情境中，使学生在观察、操作、想象、描述、表达和交流中知道生活中和平面图上的东北、西北、东南、西南四个方向，落实数学抽象的核心素养。 2. 在具体的情境中操作、辨认、描述方向时，引导学生找观测点，借助制作的方向板，会用这些方位词语描绘物体所在的方向，落实数学建模的核心素养。
		直观想象 数学抽象 数学建模	1. 结合实例，感受平移、旋转现象。 2. 能辨认简单图形平移后的图形。	第四单元窗 2：平移与旋转现象	1. 结合实例，让学生在观察生活中物体运动现象的基础上，借助操作演示，感知平移与旋转现象，落实直观想象的核心素养。 2. 通过交流探讨，让学生用自己的语言和动作来描述描述平移、旋转现象，培养数学抽象的核心素养。 3. 根据平移、旋转现象，能运用到实际生活，并能辨认简单图形平移后的图形，落实数学建模的核心素养。

续表

年级	课型	核心素养	课程标准	教学内容	落实核心素养教学实施建议
三年级上册	概念课	数学抽象 数学建模	能认识钟表，结合自己的生活经验，体验时间的长短。	第七单元窗 1：时、分的认识	1. 联系生活实际，利用钟表或钟表模型，经历观察、操作等活动，完成从“数”与“格”两个方面对钟面的建构，认识 1 时 = 60 分，培养数学抽象的核心素养。 2. 依据学生的生活经验设计数学活动，使学生在真实的数学活动中体验时间长短，使抽象的时间概念变成学生能看得见、摸得着的东西，落实数学建模的核心素养。
		数学建模 数学抽象	能认识钟表，结合自己的生活经验，体验时间的长短。	第七单元窗 3：秒的认识、分与秒的关系	1. 结合真实的生活情境中，使学生感受秒、体验秒，建立秒的时间观念，经历从具体到抽象的建模过程，落实数学建模的核心素养。 2. 结合具体情境，通过观察、操作钟表或钟表模型，认识 1 分 = 60 秒，落实数学抽象的核心素养。
		数学抽象 数学建模	结合实例认识周长，并能测量简单图形的周长。	第八单元窗 1：周长的认识	1. 创设生活情境，通过让学生指一指、描一描、画一画等方法表示出具体实例（花坛）的周长，然后抽象出数学图形，并用语言描述，落实数学抽象的核心素养。 2. 测量花坛，可以用步测、用卷尺测等多种测量方法，测量过程中进一步理解所测图形的周长，初步感受“化曲为直”的数学思想，落实数学建模的核心素养。
		数学抽象 数学建模	能结合具体情境初步认识分数，能读、写分数。	第九单元窗 1：分数的初步认识	1. 创设小学生熟知的分东西情境，通过画一画、写一写的方法创造分数，使学生经历符号化的过程，并能正确读、写，落实数学抽象的核心素养。 2. 通过折一折、涂一涂等直观操作活动，引导学生观察、分析、比较等，理解 $\frac{1}{2}$ 的意义，并表示出 $\frac{1}{4}$、$\frac{3}{8}$ 等不同的分数，使学生经历初步认识分数的过程，落实数学建模的核心素养。

续表

年级	课型	核心素养	课程标准	教学内容	落实核心素养教学实施建议
三年级下册	概念课	直观想象 数学抽象 数学建模	1. 结合实例，感受轴对称现象。 2. 通过观察、操作，初步认识轴对称图形。	第二单元：对称	1. 从学生身边熟悉的事物入手，通过观察、交流，感受轴对称现象，落实直观想象的核心素养。 2. 引导学生利用学具，通过折一折、剪一剪、比一比等操作活动，充分感知轴对称图形的特征，从而使学生初步认识轴对称图形，落实数学抽象的核心素养。
		数学抽象 数学建模	结合实例认识面积，体会并认识面积单位厘米^2、分米^2、米^2，能进行简单的单位换算。	第五单元窗 1：面积和面积单位	1. 从学生现实生活入手，引入实际问题，让学生经历“物体表面大小→平面图形大小→面积意义”的过程，初步认识面积，落实数学抽象的核心素养。 2. 比较两个图形面积的大小，可以让学生通过摆一摆、比一比的直观操作活动，感受面积单位产生的必要性，认识 1 厘米^2。用 1 厘米^{2}测量较大物体的表面，体会大面积单位产生的必要性，从而引出对平方分米、平方米的认识，落实数学建模的核心素养。
		直观想象 数学抽象	1. 能认识钟表，了解 24 时计时法。 2. 能结合生活实际，解决与常见的量有关的简单问题。	第六单元窗 1：认识 24 时计时法	1. 创设真实的生活情境，借助钟表模型等学具，通过让学生操作和交流，直观理解一天时钟要转 2 圈，一共有 24 个小时，体会 24 时计时法和普通计时法的不同，从而加深 24 时计时法的了解，落实直观想象的核心素养。 2. 通过让学生借助钟面拨一拨、算一算或数一数，把直观观察和线路图对应起来，使学生会进行简单的时间计算，落实数学抽象的核心素养。

续表

年级	课型	核心素养	课程标准	教学内容	落实核心素养教学实施建议
三年级下册	概念课	数据分析 数学抽象	1. 认识年、月、日，了解它们之间的关系。 2. 能结合生活实际，解决与常见的量有关的简单问题。	第六单元窗 2：认识年、月、日	1. 借助生活经验，观察年历卡，让学生经历数据的收集、整理、分析、和描述过程，认识年、月、日，了解它们之间的关系，落实数据分析的核心素养。 2. 初步了解平年、闰年时，让学生经历观察、猜想、推理等探索过程，学会有条理地思考，总结出平年、闰年的特征，并能结合生活实际，解决与年、月、日有关的简单问题，落实数学抽象的核心素养。
		数学抽象 数学建模 直观想象	1. 能结合具体情境初步认识小数，能读、写小数。 2. 能结合具体情境比较两个一位小数的大小。	第七单元窗 1：小数的初步认识	1. 从学生寻找身边的小数入手，初步感知小数，让学生读、写小数，并引导学生借助米尺、正方形纸，来分一分、涂一涂、说一说等大量的操作、观察、分析等活动，使学生在感知的基础上，加深对小数的初步认识，落实数学抽象的核心素养。 2. 结合具体情境，鼓励学生用不同的方法比较两个一位小数的大小，渗透转化的思想，将新知转化为旧知，落实数学建模的核心素养。

表 4-4　四年级概念课型梳理表①

年级	课型	核心素养	课程标准	教学内容	落实核心素养教学实施建议
四年级上册	概念课	数学抽象 数学建模	1. 在具体情境中，认识万以上的数。 2. 结合现实情景感受大数的意义。	第一单元窗 1：万以上数的认识	1. 结合具体情境，通过数数、拨计数器等活动，认识万以上的数。让学生多次经历“满十进一”的过程，认识新的计数单位万、十万、百万、千万、亿等和相应的数位，了解十进制计数法，认识数位顺序表，培养学生数学抽象的核心素养。 2. 在实际情境中，让学生在感悟中经历大数据的过程，形成大数的数感，能正确地读万以上的数，并构建万以上数的读法数学模型，培养学生数学建模的核心素养。
		直观想象 数学抽象 数学建模	1. 结合实例了解线段、射线和直线。 2. 知道平角与周角，了解周角、平角、钝角、直角、锐角之间的大小关系。	第二单元窗 1：线和角	1. 结合具体情境，通过观察、比较、分类，抽象线段、射线和直线，并归纳出三者之间的联系和区别，落实数学抽象的核心素养。 2. 通过画、比、量、做等丰富有效的实践活动，经历从具体实物中抽象出角的数学模型，建立角的概念；通过观察、比较角的开口大小，知道平角与周角，了解周角、平角、钝角、直角、锐角之间的大小关系，落实数学抽象与数学建模的核心素养。
		直观想象 数学抽象 数学建模	结合生活情境了解平面上两条直线的平行和相交关系。	第四单元窗 1：认识平行	1. 结合具体情境，通过画一画、观察、比较、交流等直观操作活动，使学生充分感知平面上两条直线的平行和相交关系，生成平行概念。落实直观想象、数学抽象的核心素养。 2. 认识生活中的平行现象，会借助三角板和直尺及其他工具画平行线。落实数学建模的核心素养。
		直观想象 数学抽象 数学建模	结合生活情境了解平面上两条直线的垂直关系。	第四单元窗 2：认识垂直	1. 结合生活情境，通过观察、比较，使学生体会平面上两条直线的垂直关系。直线的垂直关系，生成垂直概念，落实数学抽象的核心素养。 2. 借助直尺、三角板、量角器等工具画两条互相垂直的线，加强垂直概念的了解，落实直观想象的核心素养。

① 四年级下册个别窗口内容较多，划分为两个课时来解读。

续表

年级	课型	核心素养	课程标准	教学内容	落实核心素养教学实施建议
四年级上册	概念课	直观想象 数学抽象 数学建模	体会两点间所有连线中线段最短、点到直线的垂线段最短，知道两点间的距离和点到直线的距离。	第四单元窗 3：两点间的距离点到直线的距离	结合具体情境，通过想一想、画一画、测一测和比一比等活动，体会两点间线段最短、点到直线的垂线段最短，经过交流，生成两点间的距离和点到直线的距离，培养学生数学抽象、直观想象的核心素养。
		数据分析 数学建模	认识条形统计图，能用条形统计图直观且有效地表示数据。	第八单元窗 1：条形统计图	借助真实情景，通过调查和收集数据，填写记录单，根据记录单填写统计表，绘制统计图，了解制作条形统计图的一般步骤和方法，生成条形统计图，并能对条形统计图进行数据分析，培养学生数学抽象、数据分析的核心素养。
四年级下册	概念课	数学抽象 数学建模	在具体情境中能用字母表示数。	第二单元窗 1：用字母表示数	结合具体情境，通过交流体会用字母表示数的必要性和重要性，掌握用字母表示数的方法，会求含有字母的式子的值，落实数学抽象、数学建模的核心素养。
		直观想象 数学抽象 数学建模	认识三角形。	第四单元窗 1：三角形的认识	1. 结合现实情境，通过猜想、验证，引导学生动手实践体验三角形的特性，落实数学抽象的核心素养。 2. 通过量一量、做一做、拼一拼、摆一摆等活动，归纳概括三角形的概念，形成对三角形的理性认识，落实数学建模的核心素养。 3. 通过画一画等操作活动，认识三角形的底和高，形成三角形的完整认知，构建三角形的数学模型。

续表

年级	课型	核心素养	课程标准	教学内容	落实核心素养教学实施建议
四年级下册	概念课	数学抽象 数学建模 直观想象	认识等腰三角形、等边三角形、直角三角形、锐角三角形、钝角三角形。	第四单元窗1：三角形的分类	通过量一量、比一比等实际操作活动对三角形进行分类，学生运用一定的分类标准进行探究，从而认识直角三角形、锐角三角形、钝角三角形、等腰三角形、等边三角形，让学生体会分类思想，落实直观想象、数学抽象的核心素养。
		直观想象 数学抽象 数学建模	通过观察、操作认识平行四边形、梯形。	第四单元：3：认识平行四边形、梯形	1. 创设现实情境，由实物抽象出图形，通过测量比较平行四边形的边和角，探索其特征，并了解平行四边形的底和高，形成平行四边形的完整认知，落实直观想象、数学抽象的核心素养。 2. 由实物抽象出梯形，迁移平行四边形的认识方法，通过测量比较梯形的边和角，探索梯形的特征，并了解梯形的底和高，从而认识梯形、等腰梯形，落实数学建模的核心素养。
		数学抽象 逻辑推理 数学建模	结合具体情境，理解小数的意义。	第五单元窗1：小数的意义	1. 结合具体情境，借助学具，让学生经历分一分、涂一涂、说一说等操作、观察、分析等活动，逐步理解一位小数、两位小数、三位小数表示的意义，落实直观想象的核心素养。 2. 通过观察、比较一位小数、两位小数、三位小数表示的意义，归纳概括出小数的概念，落实数学抽象的核心素养。
		数学建模 数据分析	体会平均数的作用，能计算平均数，能用自己的语言解释其实际意义。	第八单元窗1：认识平均数	1. 结合生活实例，理解平均分的意义，通过议一议、算一算，探索求平均数的基本方法，初步学会根据具体情况运用平均数分析与解决实际问题，体会平均数能反映一组数据的整体水平，落实数学建模的核心素养。 2. 在具体情境中，根据统计结果做出简单的判断和预测，感受数据的统计分析在解决现实问题中的作用及其价值，落实数据分析的核心素养。

表 4-5　五年级概念课型梳理表

年级	课型	核心素养	课程标准	教学内容	落实核心素养教学实施建议
五年级上册	概念课	数学抽象 直观想象	通过观察、操作等活动，进一步认识轴对称图形及其对称轴，能在方格纸上画出轴对称图形的对称轴，能在方格纸上补全一个简单的轴对称图形。	第二单元窗 1：轴对称图形	1. 通过观察、动手折等活动，认识轴对称图形及其对称轴，落实数学抽象的核心素养。 2. 通过画一画，引导学生在方格纸上画出轴对称图形的对称轴及另一半，落实直观想象的核心素养。
		直观想象 数学抽象	通过观察、操作等，在方格纸上认识图形的平移与旋转，能在方格纸上按水平或垂直方向将简单图形平移，会在方格纸上将简单图形旋转 90°。	第二单元窗 2：平移与旋转	1. 通过观察图形、钟表等，认识图形的平移与旋转，落实直观想象的核心素养。 2. 通过画一画等操作活动，引导学生归纳总结平移与旋转的方法，进而能在方格纸上进行简单的平移和旋转，落实数学抽象的核心素养。
		数学抽象 数学建模	1. 结合简单的实际情境，了解等量关系，并能用字母表示。 2. 能用方程表示简单情境中的等量关系（如 $3x+2=5$，$2x-x=3$），了解方程的作用。	第四单元窗 1：方程的认识	1. 借助天平，用式子表示天平现象，体会等式的意义，落实数学抽象的核心素养。 2. 用等式表示天平中的等量关系，引导学生分类，建立方程的概念，落实数学建模的核心素养。

续表

年级	课型	核心素养	课程标准	教学内容	落实核心素养教学实施建议
五年级上册	概念课	数学抽象 数学运算	在1~100的自然数中，能找出一个自然数的所有因数；能找出10以内自然数的所有倍数。	第六单元窗1：因数和倍数	1. 通过观察、列举，理解因数、倍数的概念，落实数学抽象的核心素养。 2. 在找因数和倍数的过程中，通过不同的列举，使学生能不重复、不遗漏地找出一个自然数的因数和倍数，落实数学运算的核心素养。
		数学抽象 数据分析	认识折线统计图，能用折线统计图直观且有效地表示数据。	第七单元窗1：折线统计图	1. 结合实例，通过画一画，观察、对比认识折线统计图，落实数学抽象的核心素养。 2. 通过绘制折线统计图，能用折线统计图直观有效地表示数据，落实数据分析的核心素养。
五年级下册	概念课	数学抽象 数学建模	在熟悉的生活情境中，了解负数的意义，会用负数表示日常生活中的一些量。	第一单元：认识负数	1. 借助温度计、海平面，经历符号“+”“-”的创造过程，落实数学抽象的核心素养。 2. 通过对比生活中两种相反意义的量，建立正、负数的概念，会用负数表示日常生活中的一些量，落实数学建模的核心素养。
		数学抽象 数学建模	结合具体情境，理解分数的意义。	第二单元窗1：分数的意义	1. 在生活中感知分数，结合具体情境认识单位“1”的含义，落实数学抽象的核心素养。 2. 通过学生实践操作，创设分数，用语言描述分数，理解分数的意义，落实数学建模的核心素养。 3. 通过数一数，感受分数“先分后数”，认识分数单位，落实数学建模的核心素养。

续表

年级	课型	核心素养	课程标准	教学内容	落实核心素养教学实施建议
五年级下册	概念课	数学抽象 逻辑推理	了解公因数和最大公因数；能找出两个自然数的公因数和最大公因数。	第三单元窗1：公因数和最大公因数	结合情境，借助学具，通过拼、摆、算等活动，帮助学生理解公因数和最大公因数的意义；通过列举、短除法找出两个自然数的公因数和最大公因数，落实数学抽象、逻辑推理的核心素养。
		数学抽象 直观想象	了解公倍数和最小公倍数，能找出两个自然数的公倍数和最小公倍数。	第三单元窗4：公倍数和最小公倍数	通过操作、列举，帮助学生理解公倍数和最小公倍数的意义；通过列举、短除法找出两个自然数的公倍数和最小公倍数，落实数学抽象、直观想象的核心素养。
		数据分析 直观想象	认识条形统计图、折线统计图；能用条形统计图、折线统计图直观且有效地表示数据。	第六单元：复式条形、折线统计图	借助具体事例，让学生经历数据的收集、整理、表达、描述和分析的全过程，认识复式条形、折线统计图，并能直观地表示数据，落实数学抽象、数据分析的核心素养。
		直观想象 数学抽象	通过观察、操作，认识长方体、正方体。	第七单元窗1：长方体和正方体的认识	借助具体的实物，通过观察、比较、操作等活动，认识长方体、正方体的特征及它们的联系和区别，落实直观想象、数学抽象的核心素养。

表 4-6　六年级概念课型梳理表

年级	课型	核心素养	课程标准	教学内容	落实核心素养教学实施建议
六年级上册	概念课	数学抽象 逻辑推理	1. 在具体情境中，通过实例感受简单的随机现象；能列出简单的随机现象中所有可能发生的结果。 2. 通过实验、游戏活动，感受随机现象结果发生的可能性是有大小的，能对一些简单的随机现象发生的可能性大小做出定性描述，并能进行交流。	第二单元：可能性	借助摸球游戏，充分体验有些事情的发生是确定的，有些事情的发生是不确定的，能对生活中简单的随机现象发生的可能性大小做出确定性描述。落实数学抽象、逻辑推理的核心素养。
		数学抽象 数学建模	在实际情境中理解比的含义，并能解决简单的问题。	第四单元窗 1：比的意义	依据现实情境，通过探索同类量的比和不同类量的比，经历比的概念的抽象过程，会用比描述生活现象、解决简单实际问题，落实数学抽象、数学建模的核心素养。
		数学抽象 数学建模	通过观察、操作，认识圆，知道扇形，会用圆规画圆。	第五单元窗 1：圆的认识	结合生活实际，通过观察、画图、测量和实验发现圆的特征；认识半径、直径，理解同一圆中直径与半径的关系；会用圆规画圆，知道扇形，落实数学抽象、数学建模的核心素养。

续表

年级	课型	核心素养	课程标准	教学内容	落实核心素养教学实施建议
六年级上册	概念课	数学抽象 数学建模	结合具体情境，理解百分数的意义。	第七单元窗 1：百分数的意义	结合现实情境，使学生体会百分数的产生的必要性，创建百分号，生成百分数的意义，落实数学抽象、数学建模的核心素养。
六年级下册	概念课	数学抽象 直观想象	通过观察、操作，认识圆柱和圆锥。	第二单元窗 1：圆柱和圆锥	在现实情境中，通过看一看、摸一摸、比一比等活动，认识圆柱和圆锥，掌握它们的特征，落实数学抽象和直观想象的核心素养。
		数学抽象 逻辑推理 数学建模	在实际情境中理解比例的含义，并能解决简单的实际问题。	第三单元窗 1：比例	恰当地使用素材，分析数量关系，抽象比例的意义，通过猜想、验证，归纳比例的基本性质，落实数学抽象、逻辑推理的核心素养。
		数学抽象 数据分析	通过具体情境，认识成正比例的量，会根据给出的有正比例关系的数据在方格纸上画图，并会根据其中一个量的值估计另一个量的值。能找出生活中成正比例关系量的实例，并进行交流。	第三单元窗 2：正比例的意义	1. 依据现实情境，通过观察记录表和图像，使学生经历从具体情境中抽象概括正比例的过程，落实数学抽象的核心素养。 2. 通过画、分析正比例图像，更好地理解成正比例的两个量之间的变化规律，落实数据分析的核心素养。

续表

年级	课型	核心素养	课程标准	教学内容	落实核心素养教学实施建议
六年级下册	概念课	数学抽象 数学建模	通过具体情境，认识成反比例的量，能找出生活中成反比例关系量的实例，并进行交流。	第三单元窗3：反比例的意义	观察记录表，寻找表中的变量与不变量，使学生经历探究两种量的关系的过程，抽象概括出比例的意义，落实数学抽象、数学建模的核心素养。
		数学抽象 数学建模	了解比例尺	第四单元窗1：比例尺	通过学生画一画，比较、辨析，经历比例尺概念的产生过程，通过认识不同的比例尺，进一步理解比例尺的意义，落实数学抽象、数学建模的核心素养。
		数学抽象 数据分析	认识扇形统计图	第五单元窗1：扇形统计图	依据现实情境，使学生经历数据的整理、描述和分析的过程，认识扇形统计图，解读扇形统计图中的信息，落实数学抽象、数据分析的核心素养。

第二节　数学概念课型教学设计模板

概念形成过程实质上是抽象出某一类对象或事物的共同本质特征的过程。《数学学习的心理基础与过程》一书对概念的形成过程进行了概括[①]（见图4-1）。

① 参见鲍建生、周超：《数学学习的心理基础与过程》，上海教育出版社2009年版，第118页。

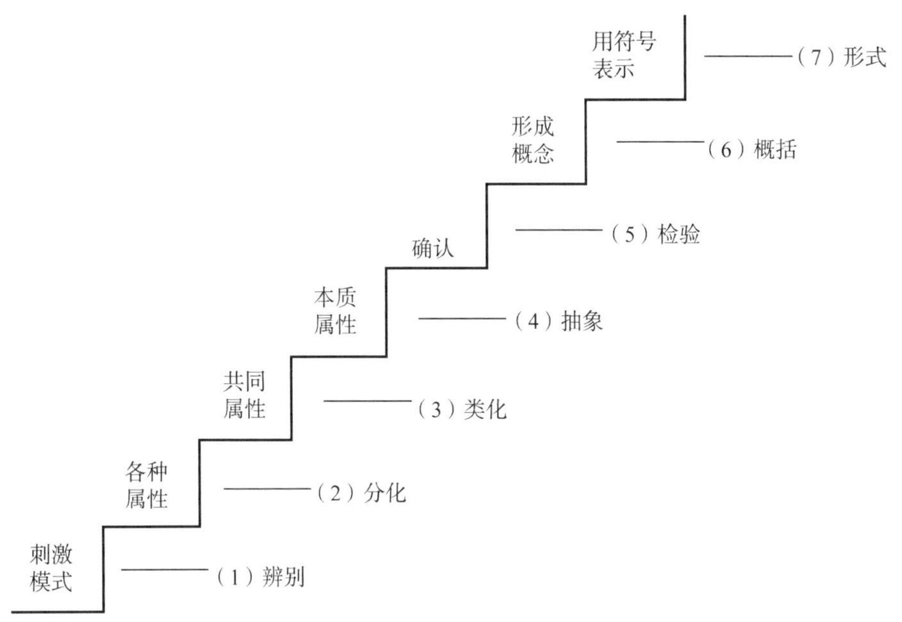

图 4-1　概念形成的一般过程①

经过分析综合理解为：辨别各种刺激模式，是指从实际生活中抽象出数学问题；分化成各种刺激模式的属性、概括出各个刺激模式的共同属性、在特定的情境中检验假设，是指探究概念；概括、把新概念的共同关键属性推广到同类事物中去、用习惯的形式符号表示新概念，是指抽象概念。我认为，还缺少一个应用概念的过程。

在研究核心概念时，我创造了“三环”课堂教学流程，总感觉在抽象概括概念时急了些，于是研发了“四步”教学模式，至于是哪四步、如何命名？如何展现学生习得概念的过程，从而培养学生的概念式思维？都需要大家共同研究，这样研究出的成果才易被教师接受。因此，在研究之初项目组精心设计概念课教学设计模板，为一线教师提供明确的研究方向（见表 4-7）。

① 参见鲍建生、周超：《数学学习的心理基础与过程》，上海教育出版社 2009 年版，第 118 页。

表 4–7　概念课教学设计模板

<table>
<tr><td>课题</td><td></td><td>年级</td><td></td></tr>
<tr><td>课型</td><td></td><td>执教人</td><td></td></tr>
<tr><td>教材分析
与
核心素养</td><td></td><td></td><td></td></tr>
<tr><td>学情分析
与
核心素养</td><td></td><td></td><td></td></tr>
<tr><td rowspan="3">教学目标</td><td>知识与技能</td><td colspan="2"></td></tr>
<tr><td>过程与方法</td><td colspan="2"></td></tr>
<tr><td>情感态度与价值观</td><td colspan="2"></td></tr>
<tr><td>教学重点</td><td colspan="3"></td></tr>
<tr><td>教学难点</td><td colspan="3"></td></tr>
<tr><td colspan="4">教学过程</td></tr>
<tr><td>教学环节</td><td>教师活动</td><td>学生活动</td><td>设计意图
（落实核心素养）</td></tr>
<tr><td>第一步
（请命名）</td><td></td><td></td><td></td></tr>
<tr><td>第二步
（请命名）</td><td></td><td></td><td></td></tr>
<tr><td>第三步
（请命名）</td><td></td><td></td><td></td></tr>
<tr><td>第四步
（请命名）</td><td></td><td></td><td></td></tr>
<tr><td>板书设计</td><td colspan="3"></td></tr>
<tr><td>概念课课堂
教学标准
流程图</td><td colspan="3"></td></tr>
<tr><td>教学反思</td><td colspan="3"></td></tr>
</table>

第五章　小学数学概念课型研究成果

又经过一年的研究，2020 年 5 月，我县将数学概念课型研究成果在德州市进行线上展示，标志着数学概念课型研究圆满结束。我们已成功构建了一套教师可复制、可操作的课前、课上、课后全方位的标准体系。“五维”课型梳理、“八横三纵”教学设计模板，为教师课前备课提供依据；“四步”教学模式为教师上课提供依据；教、学、评三位一体的课堂教学评价标准，为课后评价课堂教学效果提供依据。在促进学生概念思维方面真正实现了课前、课上、课后的纵向连接，为后期把概念思维运用到运算课、规律课、巩固课、复习课提供了方向，也更加促进了研究成果的推广。

第一节　教学设计模板为课前备课提供依据

课型梳理在研究过程中是一项庞大的工程。2014～2018 年，课题组把小学数学教学内容按四大领域进行纵向研究，结合数学课程标准把小学数学教学内容进行主题式梳理。在本书中，根据教学内容的性质、知识习得方式等小学教学内容规划为五大课型，采取横向研究，以发展学生核心素养为纲，全力促进小学生概念思维的发展，进行的是课型梳理。主题式梳理强调的是整体认知，课型梳理强调的是概念思维的建构，因此，课型梳理是主题式梳理的升级版。

第一，搭建从学科核心素养到课程标准、从课程标准到课堂教学的桥梁。课型梳理表从课型、核心素养、课程标准、教学内容、教学实施建议五个维度进行梳理，以五年级下册《分数的意义》为例，“数学抽象”“数学建模”是学科核心素养，用“___”画出；“结合具体情境认识单位‘1’，理解分数的意义，认识分数单位”是课时目标与教学内容紧密融合在一起，用“——”画出；“生活中感知”“实践操作”“数一数”是本节课落实核心素养、完成课时目标使用的策略方法，用“====”画出，教学实施建议真正搭建了从核心素养到课程标准、从课程标准到课堂教学的桥梁，展示了数学概念思维的建构过程（见表5-1）。实践证明，课型梳理表真正为教师课前备课提供依据。

表5-1　五年级下册《分数的意义》概念课型梳理表

年级	课型	核心素养	课程标准	教学内容	落实核心素养教学实施建议
五年级下册	概念课	数学抽象 数学建模	结合具体情境，理解分数的意义	分数的意义	1.在生活中感知分数，结合具体情境认识单位“1”，落实数学抽象的核心素养。 2.通过学生实践操作，创设分数，用语言描述分数，理解分数的意义，落实数学建模的核心素养。 3.通过数一数感受分数“先分后数”，认识分数单位，落实数学建模的核心素养。

第二，“八横三纵”的教学设计模板，实现了课前、课上、课后的纵向连接。本次研制的“八横三纵”教学设计模板，也是研究成果的一部分。“八横”是指“教材分析与核心素养、学情分析与核心素养、教学目标、教学重点、教学难点、教学过程、课堂教学标准流程图、教学反思八方面进行横向分析教学内容”。其中“教材分析与核心素养、学情分析与核心素养、教学目标、教学重点、教学难点”这“五横”以课型梳理为依据；“教学过程”这“一横”以“四步”教学模式为依据；“课堂教学标准流程图、教学反思”这“两横”与课堂教学评价标准为依据。“三纵”是指教学设计模板把课型梳理、教学模式和课堂教学标准进行有效对接，实现了课前、课上、课后的纵向连接，也真正把课前备课、课堂教学、课堂教学效果评价融为一体（见表5-2）。

表 5-2　“八横三纵”教学设计模板

<table>
<tr><td>课题</td><td></td><td>年级</td><td></td></tr>
<tr><td>课型</td><td></td><td>执教人</td><td></td></tr>
<tr><td>教材分析与核心素养</td><td colspan="3"></td></tr>
<tr><td>学情分析与核心素养</td><td colspan="3"></td></tr>
<tr><td rowspan="3">教学目标</td><td>知识与技能</td><td colspan="2"></td></tr>
<tr><td>过程与方法</td><td colspan="2"></td></tr>
<tr><td>情感态度与价值观</td><td colspan="2"></td></tr>
<tr><td>教学重点</td><td colspan="3"></td></tr>
<tr><td>教学难点</td><td colspan="3"></td></tr>
<tr><td colspan="4">教学过程</td></tr>
<tr><td>教学环节</td><td>教师活动</td><td>学生活动</td><td>设计意图确（落实核心素养）</td></tr>
<tr><td>一、提供素材，感知概念</td><td></td><td></td><td></td></tr>
<tr><td>二、实践操作，探究概念</td><td></td><td></td><td></td></tr>
<tr><td>三、感受特性，抽象概念</td><td></td><td></td><td></td></tr>
<tr><td>四、解决问题，运用概念</td><td></td><td></td><td></td></tr>
<tr><td>板书设计</td><td colspan="3"></td></tr>
<tr><td>概念课课堂教学标准流程图</td><td colspan="3"></td></tr>
<tr><td>教学反思</td><td colspan="3"></td></tr>
</table>

课型梳理

“四步”教学模式

课堂教学评价标准

小学数学概念思维的构建，不仅体现在课堂教学上，而且体现在课前教师备课、课后教学效果的评价。教学设计模板是在课型梳理的基础上，实现了课前、课上、课后的纵向连接，整体体现了数学概念思维的建构过程，为课前备课提供了依据。

第二节　“四步”教学模式为上课提供依据

根据概念教学课型的特点，结合曹才翰、蔡金法先生的概念形成的 7 个步骤和杜宾斯基的 4 个阶段“APOS 理论”，针对当前概念课型在课堂教学中存在的问题，为达到落实立德树人、形成和发展学生的数学核心素养的课程目标，展现学生数学概念的形成过程，研发了概念课型的“四步”课堂教学模式。

一、提供素材，感知概念

数学概念是用数学语言对研究对象的高度概括，能够有效反映研究对象的本质特性，是学生学习的基础。作为小学生，很难理解抽象的数学概念。因此，要想使抽象的概念变得生动形象便于理解，需把概念和生活经验相联系。依据皮亚杰的守恒概念，概念课型的第一步要提供鲜活的素材，引导学生从生活情境中抽象出数、数量关系或几何图形，进而提出数学问题，初步感知概念，落实数学抽象的核心素养。

二、实践操作，探究概念

概念的获得是学生经过分析、综合、比较、抽象、概括的结果。皮亚杰认为，教学中必须重视儿童的动作和活动，仅仅看和听而没有活动的学习，只不过是口头的学习。因此，在学生初步感知概念的基础上，通过具体形象的实践操作，经历独立观察思考、小组互动、合作交流的探索过程，初步形成表象概念，为后续抽象、概括出数学概念奠定基础。

三、感受特性，抽象概念

在探究概念的基础上，初步学会应用数学的思维去观察、分析，经历将数、数量关系或几何图形用数学语言表达出来，即用数学语言抽象出数学概念，完成概念的模型构建过程，提升其分析、推理和概括能力，培养学生的数学抽象、模型的数学核心素养，帮助学生实现由“表象概念”向“本质概念”的过渡，促使概念清晰化。

四、解决问题，运用概念

结合小学生生活实际设计练习，使学生真切感受到数学来源于生活，又服务于生活。在运用此概念解决实际问题的过程中，使学生进一步理解概念的意义，感受概念在解决问题中的作用和价值，从而培养学生的数学应用意识。

总之，在概念教学过程中，从生活中获取数学信息、发现问题、提出问题；在教师引导下，学生自主探究、操作实践、探究概念；通过描述概念，感受概念特性，概括抽象出数学概念，构建模型；应用概念，解决实际问题。使学生在学习概念的过程中培养创新意识、符号意识，形成和发展数学抽象、数学建模等核心素养，从而全面落实立德树人的育人目标。概念课“四步”课堂教学模式见图 5-1。

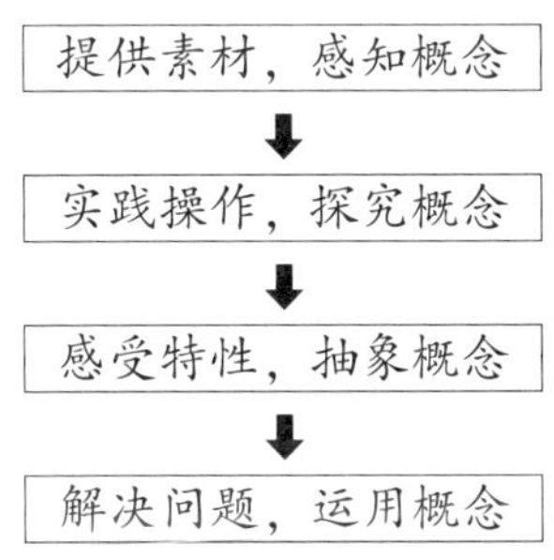

图 5-1　概念课“四步”课堂教学模式

第三节　评价标准为教学效果评价提供依据

针对数学概念课型的“四步”课堂教学模式，在“数与代数”“几何与图形”“统计与概率”三大领域充分验证，是否能真正落实数学概念课型所承载的核心素养、有效促进学生的数学概念思维，又研制出数学概念课型教学评价标准，包括教师教的标准、学生学的标准和评价标准。

教师教的标准以“二维三层八指标”为指导，规范教师的教学行为；学生学的标准以“四步四维三层级”为依据，衡量学生的学习效果；评价标准以“三维三层十一指标”为准绳，检验学科核心素养的达成度，落实立德树人的根本任务。

一、教师教的标准

教师教的标准："二维三层八指标"，"二维"指教学设计、教学活动两个维度；"三层"指教师的课堂教学表现划分为优秀、良好、合格三个层级；"八指标"指教学设计中的教材分析与核心素养、学情分析与核心素养、教学目标、课堂教学规划四个指标，以及教学活动中的教师活动、设计意图、教学效果、教学评价四个指标，由此制定出标准（见表5-3）。

表5-3　教师教的标准

评价维度	评价指标	水平层级		
		优秀	良好	合格
教学设计	教材分析与核心素养	1. 对教材有纵向和横向分析，知识结构脉络清晰。 2. 深入研读课程标准，准确把握课程目标。 3. 研读课型梳理表，整体把握概念课型特点，能采取有效策略将相应的核心素养落实到课堂教学中。	1. 对教材的前后有纵向分析，能构成知识网络。 2. 能研读课程标准，把握课程目标。 3. 对照课型梳理表，熟悉概念课型特点，能采取策略将相应的核心素养落实到课堂教学中。	1. 分析教材，熟悉本课时教学内容。 2. 阅读课程标准，理解课程目标。 3. 参考课型梳理表，了解概念课型特点，将核心素养渗透到课堂教学中。
	学情分析与核心素养	1. 明确本课时需要落实的核心素养要点。 2. 掌握本班学生心理特点、已有生活经验、现有认知基础，找准学生的学习起点。	1. 基本明确本课时需要落实的核心素养要点。 2. 了解本班学生已有生活经验、现有认知基础，认识到学生的学习起点。	1. 了解本课时需要落实的核心素养要点。 2. 了解本班学生的现有认知基础，了解学生的学习起点。

续表

评价维度	评价指标		水平层级		
			优秀	良好	合格
教学设计	教学目标		1. 结果目标十分明确，完全符合课程标准。 2. 过程目标描述科学、准确，充分体现核心素养的落实。	1. 结果目标明确，符合课程标准。 2. 过程目标描述清晰，有效体现核心素养的落实。	1. 结果目标基本明确，基本符合课程标准。 2. 过程目标描述正确，能体现核心素养的落实。
	课堂教学规划	提供素材，感知概念	1. 从生活中精选素材，有效激发学生的学习兴趣。 2. 素材能承载概念教学内容，有效激发学生初步感知概念。	1. 从生活中选取素材，能激发学生的学习兴趣。 2. 素材承载概念教学内容，能激发学生初步感知概念。	从生活中选取的素材，能承载概念教学内容，使学生初步感知概念。
		实践操作，探究概念	1. 活动设计有效，能充分调动学生多种感官参与探究概念。 2. 探究充分，教师适时点拨，激活学生思维。	1. 活动设计能调动学生参与探究概念的积极性。 2. 能完成探究任务，教师适时点拨，激活学生思维。	1. 活动设计能使学生参与探究概念。 2. 基本完成探究任务，学生困惑处教师及时点拨。
		感受特性，抽象概念	1. 基于探究，感受特性，聚焦概念内涵。 2. 引发学生描述、抽象概括概念，构建模型。	1. 基于探究，聚焦概念内涵。 2. 引发学生描述、抽象概括概念，理解概念。	基于探究，引发学生描述、抽象概括概念。
		解决问题，运用概念	1. 通过解决问题清楚辨析概念，理解概念的外延。 2. 运用概念，解决实际问题，增强数学应用意识。	1. 通过解决问题能辨析概念，理解概念的外延。 2. 运用概念，解决问题，加深对概念的理解。	1. 通过解决问题理解概念的外延。 2. 能运用概念，解决问题。

续表

评价维度	评价指标	水平层级		
		优秀	良好	合格
教学活动	教师活动	1. 提问要适度、适当、有深度、面向全体。 2. 探究过程真实有效，点拨及时。 3. 适时引导，帮助学生提炼、生成概念。 4. 运用概念，解决问题，拓展适当，充分落实核心素养。	1. 提问有深度、能面向全体。 2. 探究过程真实，困惑处能点拨。 3. 引导学生提炼、生成概念。 4. 运用概念，解决问题，拓展适当，能落实核心素养。	1. 提问适度，面向全体。 2. 探究过程中，能关注学生解决问题。 3. 帮助学生提炼、抽象出概念。 4. 运用概念，解决问题，能渗透相应的核心素养。
	设计意图	1. 深刻领会核心素养内涵，准确把握课程标准。 2. 研读概念课型梳理表，依据核心素养教学实施建议，进行个性化添加，有效设计教学活动。	1. 领会核心素养内涵，理解课程标准。 2. 对照概念课型梳理表，依据核心素养教学实施建议，合理进行教学活动设计。	1. 了解核心素养及课程标准要求。 2. 参考概念课型梳理表，根据核心素养教学实施建议设计教学活动。
	教学效果	1. 完成概念课型的教学任务，达到课程目标，能充分落实核心素养要点。 2. 学生能充分理解概念的内涵和外延，在新情境下能运用概念解决问题。	1. 完成概念课型的教学任务，达到课程目标，能落实核心素养要点。 2. 学生能充分理解概念的内涵和外延。	1. 完成概念课型的教学任务，达到课程目标，渗透核心素养。 2. 学生能理解概念的内涵和外延。
	评价	1. 教师评价方式多样、评价语言丰富。 2. 评价及时，对课堂教学起到反馈和调控作用。	1. 教师评价比较灵活，评价语言较丰富。 2. 评价适当，对课堂教学起到和调控作用。	教师评价适当，能对课堂教学起到调控作用。

二、学生学的标准

学生学的标准："四步四维三层级"，"四步"指教学环节的四个步骤；"四维"指发现问题、提出问题，独立思考、合作交流，提炼内涵、描述概念，内化新知、拓展应用，共四个维度；"三层级"指学生的表现划分为优秀、良好、合格三个层级，由此制定出标准（见表5-4）。

表5-4 学生学的标准

教学环节	评价维度	评价指标		
		优秀	良好	合格
第一步	发现问题，提出问题	1. 学生能在具体生活情境中迅速发现数学信息，并熟练对数学信息进行重组从而提出数学问题。 2. 根据提出的问题，能精准分类并提炼本节概念课需要解决的问题。	1. 学生能在具体生活情境中发现数学信息，并对数学信息进行重组从而提出数学问题。 2. 根据提出的问题，能分类并提炼本节概念课需要解决的问题。	1. 学生能在具体生活情境中发现数学信息。 2. 根据数学信息提出数学问题。
第二步	独立思考，合作交流	1. 学生有独立思考问题的能力，并会用语言准确描述自己的观点。 2. 在小组内善于描述自己的观点，认真倾听他人的观点并积极思考，修改完善自己的观点。 3. 通过汇报交流有效理解新概念。	1. 学生有思考问题的能力，并会用语言描述自己的观点。 2. 在小组内描述自己的观点，能倾听他人的观点，修改自己的观点。 3. 通过汇报交流基本理解新概念。	1. 学生能思考问题，基本会用语言描述自己的观点。 2. 在小组内描述自己的观点，能倾听他人观点。 3. 通过汇报交流基本了解新概念。

续表

教学环节	评价维度	评价指标		
		优秀	良好	合格
第三步	提炼内涵，描述概念	1. 学生通过多种形式的训练对概念的掌握从探究到内化，形成确切的数学概念。 2. 加深对概念的理解，理解概念的名称、定义、内涵、外延。 3. 实现由“表象概念”向“本质概念”的深入，促使概念清晰化。	1. 学生通过训练对概念的掌握从探究到内化，初步形成确切的数学概念。 2. 能理解概念的名称、定义。 3. 能实现由“表象概念”向“本质概念”的基本深入，概念基本清晰。	1. 学生通过训练对概念的掌握，形成数学概念。 2. 仅能理解概念的名称、定义。 3. 基本实现由“表象概念”向“本质概念”的深入，概念基本清晰。
第四步	内化新知，拓展应用	1. 学生运用概念解决实际问题，培养分析问题和解决问题的能力。 2. 进一步理解概念的意义，感受在解决实际问题中的作用和价值。 3. 培养学生全面分析问题的意识，使数学核心素养充分落实。	1. 学生基本能运用概念解决实际问题，能培养分析、解决问题的能力。 2. 进一步理解概念的意义，感受在解决实际问题中的作用和价值。 3. 能使数学核心素养落实。	1. 学生基本运用概念解决实际问题，基本能培养分析、解决问题的能力。 2. 理解概念的意义，感受在解决实际问题中的作用和价值。 3. 数学核心素养基本落实。

三、评价标准

评价标准：“三维三层十一指标”，“三维”指教学目标、教学活动、教学效果三个维度；“三层”指把教学效果分为优秀、良好、合格三个层级；“十一指标”指教学目标中的知识与技能、数学思考、解决问题、情感态度四项指标，教学活动中的探究与点拨、交流与归纳、生成与掌控、评价与反思四项指标，教学效果中的掌握必备知识、培养关键能力、体现核心价值三项指标，由此制定出评价标准（见表5-5）。

表5-5 评价标准

评价维度	评价指标	水平层级		
		优秀	良好	合格
教学目标	知识技能	1. 能结合具体情境理解概念的内涵。 2. 引导学生手脑并用，在自主探索、合作交流、动手实践中经历概念知识的形成过程。 3. 熟练运用概念，解决实际问题。	1. 能结合情境理解概念。 2. 引导学生在自主探索、合作交流、动手实践中经历知识的形成过程。 3. 运用概念，解决实际问题。	1. 能结合情境了解概念。 2. 基本能引导学生在自主探索、合作交流、动手实践中经历概念知识的形成过程。 3. 能解决实际问题。
	数学思考	1. 学生能自己寻求解决问题的方法，主动获取概念课的基础知识、基本技能，发展逻辑思维能力。 2. 能结合具体情境探索概念本质，发展推理能力。 3. 能用语言描述概念。	1. 学生能寻求解决问题的方法，获取概念课的基础知识、基本技能。 2. 能结合情境探索概念，发展推理能力。 3. 能用语言描述概念。	1. 学生能寻求解决问题的方法，获取概念课的基础知识。 2. 能结合情境理解概念。
	问题解决	能结合概念课的具体情境提出问题、分析问题、解决问题。	能结合概念课的情境提出问题、分析问题、解决问题。	能结合概念课的情境提出问题、解决问题。
	情感态度	1. 能积极参与数学概念探究活动，对数学有强烈的求知欲，增强获取数学知识的信心。 2. 体会数学概念与生活的密切联系，感受学习数学概念的必要性。	1. 能参与数学概念探究活动，对数学有求知欲，有获取数学知识的信心。 2. 体会数学概念与生活的联系，感受学习数学概念的必要性。	1. 能参与数学概念探究活动。 2. 体会数学概念与生活的联系。

续表

评价维度	评价指标	水平层级		
		优秀	良好	合格
教学活动	探究与点拨	1. 师生探究概念本质的目的明确、过程真实、方法科学。 2. 教师调控进度，面向全体，及时指导，解惑答疑。	1. 师生探究概念本质的目的明确、过程真实。 2. 教师调控进度，及时指导，解惑答疑。	1. 师生探究概念本质的目的基本明确、过程真实。 2. 教师能调控进度，适当指导，解惑答疑。
	交流与归纳	1. 师生积极互动，参与交流概念的本质。 2. 教师适时归纳、提炼概念，形成富有价值的成果。	1. 师生能够互动，参与交流概念的本质。 2. 教师能归纳提炼概念，形成有价值的成果。	1. 师生能够互动，参与交流概念的本质。 2. 教师能归纳概念，形成成果。
	生成与掌控	研究概念时，学生积极思考，勇于质疑；教师能灵活驾驭教学，正确处理教学活动中的生成性问题，促进师生共同成长。	研究概念时，学生能思考，能质疑；教师能驾驭教学，能处理教学活动中的生成性问题，促进师生共同成长。	研究概念时，学生能思考；教师基本能驾驭教学，不能处理教学活动中的生成性问题。
	评价与反思	1. 在探究概念的过程中，教学评价时机得当，评价方式多样，科学客观，能根据评价调整教学进度，改进教学方法。 2. 学生的兴趣、态度、意志、合作、分享等非智力因素得到培养，充分落实核心素养。	1. 在探究概念的过程中，教学评价得当，科学客观，能根据评价调整教学进度，改进教学方法。 2. 学生的兴趣、态度、意志、合作、分享等非智力因素得到培养，基本落实核心素养。	在探究概念的过程中，教学评价得当，能调整教学进度，改进教学方法。

续表

评价维度	评价指标	水平层级		
		优秀	良好	合格
教学效果	掌握必备知识	完成教学任务，掌握必备概念知识，达到预定目标。	完成任务，掌握概念知识，达到目标。	基本完成任务，能够掌握概念知识。
	培养关键能力	完成教学任务，在探究生成概念时，使本节课所体现的数学抽象、数学建模等关键能力得到较大提高。	基本能完成教学任务，在探究生成概念时，使本节课所体现的数学抽象、数学建模等关键能力得到提高。	基本能完成教学任务。
	体现核心价值	完成概念课的教学任务，有效培养学生的理性思维、科学精神，帮助学生形成正确的人生观、价值观、世界观。	能完成概念课的教学任务，能培养学生的理性思维、科学精神。	基本能完成概念课的教学任务，能培养学生的理性思维。

通过基于核心素养的小学数学概念思维能力教学研究，项目组研发的教、学、评三位一体的评价标准，能有效检验数学核心素养和课程目标的达成度。

第四节 《分数的初步认识》教学设计

《分数的初步认识》教学设计详细内容见表5-6。

表5-6 《分数的初步认识》教学设计

<table>
<tr><td>课题</td><td colspan="2">《分数的初步认识》</td><td>年级</td><td>三年级</td></tr>
<tr><td>课型</td><td colspan="2">概念课</td><td>执教人</td><td>孟庆云</td></tr>
<tr><td>教材分析与核心素养</td><td colspan="4">《分数的初步认识》是青岛版小学数学三年级上册第九单元信息窗1的内容，它是在二年级上册平均分的基础上进行学习，是学生认识分数的起始课，为五年级学习分数的意义打下基础。从整数到分数是数概念的一次扩展，无论在意义、读写方法上，分数和整数都有很大差异。因此，本节课教学时应为学生提供大量的感性材料和动手操作的活动，借助数形结合，使抽象的概念易于理解，从而落实数学抽象、直观想象和数学建模的核心素养。</td></tr>
<tr><td>学情分析与核心素养</td><td colspan="4">分数因生活中平均分东西的需要而产生，三年级学生已有“平均分”的数学活动经验，但是生活中熟知的“一半”如何用符号表示，这是本节课的知识生长点。教学时引导学生探索一半的表示方法，经历符号的创造过程，进而概括出分数的意义，这个过程就是培养学生数学抽象、数学建模的过程。</td></tr>
<tr><td rowspan="3">教学目标</td><td>知识与技能</td><td colspan="3">能结合具体情境初步认识分数，能读、写分数，知道分数各部分的名称。</td></tr>
<tr><td>过程与方法</td><td colspan="3">在操作、观察、分析、比较等数学活动中经历探索分数概念的产生过程，在解决问题的过程中，初步培养学生归纳、抽象概括能力及语言表达能力，体会类推等数学思想方法。</td></tr>
<tr><td>情感态度与价值观</td><td colspan="3">在初步认识分数的同时，感受数学与生活的密切联系，培养数学学习的兴趣。</td></tr>
<tr><td>教学重点</td><td colspan="4">初步理解分数的含义</td></tr>
<tr><td colspan="5">教学过程</td></tr>
<tr><td>教学环节</td><td colspan="2">教师活动</td><td>学生活动</td><td>设计意图（落实核心素养）</td></tr>
</table>

<table>
<tr>
<td>第一，提供素材，感知概念</td>
<td>1. 回顾平均分
师：兰兰来小明家做客，小明热情地招待兰兰。4 个桃子、2 盒牛奶、1 个月饼。怎么分呢？
师：每人分得多少？请用学过的数表示。
2. 创造$\frac{1}{2}$
师：大家利用平均分，使兰兰和小明得到了同样多的食物，可是，一半怎么表示呢？请你用自己喜欢的方法表示一半，可以画一个图案，也可以创造一个数学符号。
师：同学们用这么多方法表示了一半，有的用图形，有的新创造了符号，都很好，真棒！仔细观察，虽然同学们的表示方法不同，但有很多共同之处。谁来说一说。
师：对，这条线表示什么？
师：好，那我们就用这条线表示平均分。（教师写在黑板上）
师：还有吗？
师：真不错！“2”和“1”写在哪里呢？
师：边听学生说边写$\frac{1}{2}$
3. $\frac{1}{2}$的读法和写法
师：这种写法真简便！不知不觉，同学们创造了一半的符号，用$\frac{1}{2}$表示，谁能读一读？
师：应读作二分之一。
师：另一半怎么表示呢？请同学们写一写，读一读，同桌互相说一说，注意书写顺序。</td>
<td>生：平均分！
生：每人分得桃子 2 个，牛奶 1 盒，月饼一半。
生 1：◗。
生 2：$\frac{◗}{⌽}$。
生 3：$\frac{1}{2}$。
生 4：$\frac{2}{1}$。
生：都有一条表示把月饼“切开”的线。
生：平均分。
生：都是平均分成了 2 份，表示其中的一份。
生：先把月饼平均分成 2 份，所以“2”写在“平均分”线的下面；一半是 1 份，所以写在“平均分”线的上面。
生 1：一分之二。
生 2：二分之一。
生：$\frac{1}{2}$。</td>
<td>本环节创设分食物的生活情境，不仅贴近学生的生活，易于激发学习兴趣，而且回顾了平均分，沟通新旧知识的联系，找准了知识的生长点。
创造$\frac{1}{2}$的过程，就是培养学生创新意识和符号意识的过程，由◗→$\frac{◗}{⌽}$→$\frac{1}{2}$，使学生经历“从图形到符号”的数学化过程，初步感知$\frac{1}{2}$概念，落实数学抽象的核心素养。</td>
</tr>
</table>

第二，实践操作，探究概念	4. 探索$\frac{1}{2}$的意义 师：我们用$\frac{1}{2}$表示了月饼的一半，你还想找到其他图形的$\frac{1}{2}$吗？请同学们按课前分组，每组拿出学具袋，找一找，涂一涂，并用$\frac{1}{2}$表示。 师：边巡视边指导。 师：每组同学都找到了手中图形的$\frac{1}{2}$。请每组同学派代表来讲台上交流展示你手中图形的$\frac{1}{2}$是怎么得来的。 师：边巡视边问，大部分同学把手中的纸片进行对折，为什么要对折？不对折可以吗？ 师：同学们请看黑板，6 组同学，每组的图形不同，或大小不同，或同一个图形折法不同，为什么都可以用$\frac{1}{2}$表示？ 师：说得太棒了！	一、二组：大小不同的长方形。 三、四组：大小不同的正方形。 五、六组：大小不同的圆形。 生 1：把一张长方形纸片对折，把其中的 1 份涂色，涂色部分是这张纸的$\frac{1}{2}$。 生 2：把一张正方形纸片对折，涂色部分是它的$\frac{1}{2}$。 生 3：把一张圆形纸片平均分成 2 份，涂色部分是它的$\frac{1}{2}$。 生：对折是想把纸片平均分。不对折也可以，拿尺子测量也可以，只要平均分就行。 生：都是把一个图形平均分成 2 份，表示其中的 1 份，所以都可以用$\frac{1}{2}$表示。	探索$\frac{1}{2}$的意义是本节课的难点。由月饼的$\frac{1}{2}$过渡到图形的$\frac{1}{2}$，引导学生进行实践操作。发现：图形不同，或图形的大小不同，或同一个图形折法不同，但都能得到本图形的$\frac{1}{2}$。通过交流展示，启发学生概括出：只要把一个图形（物体）平均分成 2 份，表示其中的 1 份，都可以用$\frac{1}{2}$表示。充分的实践操作，便于学生理解$\frac{1}{2}$抽象的意义，从而落实直观想象的核心素养。

<table>
<tr>
<td rowspan="1">第三，感受特性，抽象概念</td>
<td>1. 创造几分之一
师：刚才我们得到了$\frac{1}{2}$，用你手中的纸片还能得到几分之一呢？请动手折一折，或分一分。

师：请交流你是怎样得到几分之一的？

师：对折5次、6次……可以吗？

师：纸片可以无限对折，能说明什么？
2. 创造几分之几
师：刚才我们都得到了几分之一，如果把你折完后的图形多涂几份，你会怎么表示呢？（同学们动手操作，教师巡视指导，参与其中）
师：请同学们说一说你的几分之几是怎么得来的？（引导学生用规范的数学语言来描述自己折涂出的分数）
3. 概括分数的意义
师：同学们表达的真清楚！今天兰兰和小明平均分1个月饼，每人分得一半，可以用$\frac{1}{2}$表示，然后又用手中的纸片得到了$\frac{1}{4}$、$\frac{1}{8}$、$\frac{3}{4}$、$\frac{4}{8}$、$\frac{2}{16}$……这些数和以前学过的整数一样吗？
师：你能给这些数起名字吗？
师：对，这些都是平均分得到的数。像$\frac{1}{2}$、$\frac{1}{4}$、$\frac{1}{8}$、$\frac{3}{4}$、$\frac{4}{8}$、$\frac{2}{16}$……这样的数，都是分数。</td>
<td>生：$\frac{1}{4}$、$\frac{1}{8}$、$\frac{1}{16}$……

生1：把一张正方形纸片平均分成4份，我涂了其中的1份，得到$\frac{1}{4}$。
生2：把一张圆形纸片对折3次，涂了其中的1份，得到$\frac{1}{8}$。

生：可以。

生：纸片折也折不完，说明分数有无数个。

生：边涂边表示，$\frac{3}{4}$、$\frac{4}{8}$、$\frac{2}{16}$……

生：把长方形纸片平均分成4份，每份是它的$\frac{1}{4}$，涂了其中的3份，得到了$\frac{3}{4}$。

生：不一样。

生：平均分的数。</td>
<td>迁移$\frac{1}{2}$的创造方法，启发学生创造出更多的几分之一，从而理解分数有无数个，渗透极限思想。本环节为学生留足时间、空间，使学生经历几分之一、几分之几的创造过程，目的是让学生在操作中感受分数的特性，并且引导学生用规范的数学语言来描述所得到的分数，进一步抽象概念，引导学生逐步建立起分数的模型，从而落实数学建模的核心素养。</td>
</tr>
</table>

第三，感受特性，抽象概念	4. 分数各部分名称 师：分数和以前学过的数不同，你能说说分数各部分的名称吗？ 3 ……分子 师：— ……分数线 4 ……分母 师：请说出$\frac{4}{8}$的分母、分子是多少？中间的这条横线叫什么？	生：平分线、分的总份数、取的份数。 生：分母是8，分子是4，中间的横线是分数线。	
第四，解决问题，运用概念	1. 分数的由来 师：同学们，我们用一节课的时间创造了这么多分数，其实分数的产生是一个漫长的历史，请看下面的资料：在古代，人们分东西时，经常出现结果不是整数的情况，于是产生了分数，我国最初用算筹表示分数，如$\frac{1}{4}$，就可以表示成$\begin{matrix}\vert\\ \vert\vert\vert\vert\end{matrix}$，后来印度人发明了数字，用$\frac{1}{4}$表示，再后来，阿拉伯人发明了分数线，就产生了今天的分数表示方法。 2. 生活中的分数 师：请同学们找一找黑板报上的分数。 师：同样的一块黑板，平均分的份数不一样，得到的分数就不同。	生：感叹古人的智慧！ 生：$\frac{1}{2}$、$\frac{1}{4}$、$\frac{1}{8}$、$\frac{2}{8}$……	了解分数的由来，渗透数学文化，使学生认识到自己和古人一样经历了分数的创造过程，增强学好数学的信心。 利用黑板报上呈现的分数，再次沟通了分数与生活的联系。“同样的一块黑板，平均分的份数不一样，得到的分数就不同”加深了对分数概念的进一步理解，引导学生用数学的眼光，去发现更多的分数。

<table>
<tr><td>概念课教学流程图</td><td>第一，提供素材，感知概念（从分实物、到用图形表示一半，再到用$\frac{1}{2}$表示一半，使学生逐步经历数学化的过程，落实数学抽象的核心素养）
↓
第二，实践操作，探究概念（通过在大小不同、形状不同图形、折法不同的图形上都能找到$\frac{1}{2}$，由此形象地理解$\frac{1}{2}$的意义，从而落实直观想象的核心素养）
↓
第三，感受特性，抽象概念（让学生经历几分之一、几分之几的创造过程，进一步抽象概念，逐步建立起分数的模型，从而落实数学建模的核心素养）
↓
第四，解决问题，运用概念（黑板报上的栏目不同，平均分的份数不一样，得到的分数就不同。运用分数概念解决了黑板报上的分数问题）</td></tr>
<tr><td>板书设计</td><td>分数的初步认识
$\frac{1}{2}$　$\frac{1}{2}$
2
1
一半？
像$\frac{1}{2}$、$\frac{1}{4}$、$\frac{1}{8}$、$\frac{3}{4}$、$\frac{4}{8}$、$\frac{2}{16}$……这样的数，都是分数。</td></tr>
<tr><td>教学反思</td><td>本节课是认识分数的起始课，从整数到分数是数概念的一次扩展，学生经历创造$\frac{1}{2}$的过程，就是体会分数产生必要性的过程。$\frac{1}{2}$的意义与整数不同，比较抽象，因此，理解分数的意义是难点。基于此，给学生留足实践操作的时间和空间，通过直观形象的折、涂，使学生逐步理解只要把一个物体平均分成2份，表示其中的一份，可以用$\frac{1}{2}$表示，很好地突破了教学难点，继而创造几分之一、几分之几，引导学生逐步抽象概括出分数的意义，培养了学生数学建模的核心素养。
不足之处：学生创造几分之一，多是对折纸片，很难出现$\frac{1}{3}$，对于理解分数的意义有一定的局限性。</td></tr>
</table>

第五节　《分数的初步认识》课例分析

《分数的初步认识》是典型的概念课型，我依据项目组研制的概念课型的“四步”教学模式设计了以上课例，现在用评价标准对此进行客观公正的评价，希望给读者以启发。

一、从核心素养视角设置教学目标

《义务教育数学课程标准（2011 年版）》对本节课设置的具体教学目标是：能结合具体情境初步认识分数，能读、写分数。“初步认识”等同为描述结果目标的行为动词“了解”，即：从具体实例中知道或举例说明对象的有关特征；根据对象的特征，从具体情境中辨认或者举例说明对象。“能”等同为描述结果目标的行为动词“掌握”，即：在理解的基础上，把对象用于新的情境。

本节课主要落实的核心素养是：数学抽象、直观想象、数学建模。《普通高中数学课程标准（2017 年版）》中明确定义如下：

数学抽象是指通过对数量关系与空间形式的抽象，得到数学研究对象的素养。主要包括：从数量与数量关系、图形与图形关系中抽象出数学概念及概念之间的关系，从事物的具体背景中抽象出一般规律和结构，并用数学语言予以表征。

直观想象是指借助几何直观和空间想象感知事物的形态与变化，利用空间形式特别是图形，理解和解决数学问题的素养。主要包括：借助空间形式认识事物的位置关系、形态变化与运动规律；利用图形描述、分析数学问题；建立形与数的联系，构建数学问题的直观模型，探索解决问题的思路。

数学建模是对现实问题进行数学抽象，用数学语言表达问题、用数学方法构建模型解决问题的素养。数学建模过程主要包括：在实际情境中从数学的视角发现问题、提出问题，分析问题、建立模型，确定参数、计算求解，检验结果、改进模型，最终解决实际问题。①

本节课是认识分数的起始课，因生活中平均分东西的需要而产生，使得

① 中华人民共和国教育部：《普通高中数学课程标准（2017 年版）》，人民教育出版社 2018 年版，第 4-6 页。

数概念从整数扩展到分数，对三年级学生而言这是一个挑战。分数的意义更为抽象，它是整体与部分关系的认识，反映的是一种“关系认识”的思维方式，与整数概念存在很大差异。这就需要为学生设计熟知的生活情境，借助情境引导学生在已有经验基础上进行符号创造，创造出$\frac{1}{2}$后，理解$\frac{1}{2}$的意义是教学难点，在此需为学生提供大量的感性材料和动手操作的活动，借助数形结合等方式理解它的意义；继而创造更多的分数，从中分析、比较这些数的共同之处，抽象概括出分数的意义，初步建立分数概念的模型，因此，制定了如下教学目标（见表5-7）。

表5-7　《分数的初步认识》教学目标

知识与技能	能结合具体情境初步认识分数，能读、写分数，知道分数各部分的名称。
过程与方法	在操作、观察、分析、比较等数学活动中经历探索分数概念的产生过程，在解决问题的过程中，初步培养学生归纳、抽象概括能力及语言表达能力，体会类推等数学思想方法。
情感态度与价值观	在初步认识分数的同时，感受数学与生活的密切联系，培养数学学习的兴趣。

二、从核心素养视角展开教学活动

本书是《基于核心素养下的小学数学课堂教学标准建设研究》成果，在课堂教学中如何依据标准，落实培养小学生的核心素养，是我们项目组的研究目标，因此，我依据评价标准，为完成以上制定的教学目标，展开如下的教学活动。

（一）提供素材，感知概念

首先，创设分食物的生活情境，由平均分能分到“2”个桃子、“1”盒牛奶、“一半”月饼，“一半”如何用图形或数学符号表示，这是这节课的知识生长点，也是由生活抽象出数学问题的关键点，让学生经历◗→$\frac{◗}{\Phi}$→$\frac{1}{2}$的创造过程，就是经历“生活→图形→符号”的数学化过程，初步感知$\frac{1}{2}$概念，落实数学抽象的核心素。这个环节探究目的明确、过程真实、方法科学，展示学生的创造过程，能做到面向全体学生，及时指导，关注个性差异。

（二）实践操作、探究概念

其次，探索$\frac{1}{2}$的意义，这是本节课的难点。由月饼的$\frac{1}{2}$过渡到图形的$\frac{1}{2}$，再到用语言描述把一张纸片（一个物体）平均分成2份，表示其中的一份，就是$\frac{1}{2}$。这是一个逐步抽象的过程，教师适时引导学生积极交流大小、形状不同的图形或同一个图形的折法不同，但都能用$\frac{1}{2}$表示，形象地建立了形与数的联系，进而构建出数学问题的直观模型，探索出解决问题的思路，从而落实直观想象的核心素养。

（三）感受特性、抽象概念

再次，逐步归纳概括分数的意义。理解了$\frac{1}{2}$的意义，教师进一步激发学生创造更多的几分之一，从中渗透极限思想；由几分之一到几分之几，这是分数单位的初步渗透，也是引导学生感知平均分的份数与选取的份数之间的关系，不断积累活动经验，逐步在头脑中建立分数的表象，进而概括、抽象出分数的意义。在这个过程中，学生积极思考，教师能及时有效地抓住课堂生成，使得得出分数的概念水到渠成。

（四）解决问题、运用概念

最后，分数的由来再次让学生体验分数的产生过程，感受古人的智慧，激发学生学好数学的信心。荷兰数学家、数学教育家弗赖登塔尔（Hans Freudenthal）曾说：“数学源于现实，也必须扎根于现实，并且应用于现实。”教室里的黑板报呈现的分数，沟通了与生活的联系，有效地运用分数概念，解决了黑板报上的分数问题，培养学生的数学应用意识，真正落实让学生会用数学语言表达世界的核心素养。

三、从核心素养视角反馈教学效果

从核心素养出发，紧扣课程标准，关注课堂教学中的生成，不仅使学生掌握了必备的数学知识——初步认识了分数，能正确地读、写简单的分数，而且通过大量的直观操作活动使学生经历分数概念的产生过程，培养了学生的数学抽象、直观想象、数学建模等关键能力，通过对$\frac{1}{2}$意义的理解和几分之一、几分之几的创造过程有效培养学生的理性思维、科学精神等必备品格，在学生形成正确的人生观、价值观、世界观等方面发挥数学学科独特的作用。

总之，这节课通过前期的教学设计和真实的课堂教学实践，纵观整节课的课堂教学效果，使学生掌握必备的数学知识、技能、思想和方法，提升学生的数学素养，引导学生会用数学眼光观察世界，会用数学思维思考世界，会用数学语言表达世界，真正把数学核心素养在课堂教学中落实，验证了我县核心素养下数学概念课型的研究成果，力争在全县范围内进一步推广，不断完善研究成果，使更大范围的教师、学生受益！

第六章　小学数学概念课型研究成果的影响力

记得山东省教科院曾庆伟副院长说过，在教育教学中做好教科研，就要针对真问题，开展真研究，才能实现真突破。我在工作中一直认真践行曾院长的研究理念。事实证明，无论你身处城市还是乡村，无论你是科研人员还是一线教师，只要是真研究，工作就能实现真突破！

第一节　对小学数学课堂教学的影响

以数学概念课型为例，系统阐述了在数学概念课上构建形成概念思维的过程，至 2021 年 6 月，数学概念思维已被广泛应用在其他四种课型之中，促进了数学核心素养在课堂教学中的真正落地，实现了核心素养、课程目标、教学内容的有效对接。

一、数学概念思维的延伸应用

在百度百科中，概念是人类在认识过程中，从感性认识上升到理性认识，把所感知的事物的共同本质特点抽象出来，加以概括，是自我认知意识的一种表达，可形成概念式思维惯性，是在人类所认知的思维体系中最基本的构筑单位。

概念思维是一种良好的认知习惯，具有概念思维的人头脑里会有一个非常清晰的概念系统，善于抓住事物的本质特征，用准确的语言描述出来。所以在数学概念课型中培养的概念思维被延伸，广泛应用于其他四种课型中。

“四步”课堂教学模式如图 6-1 所示。

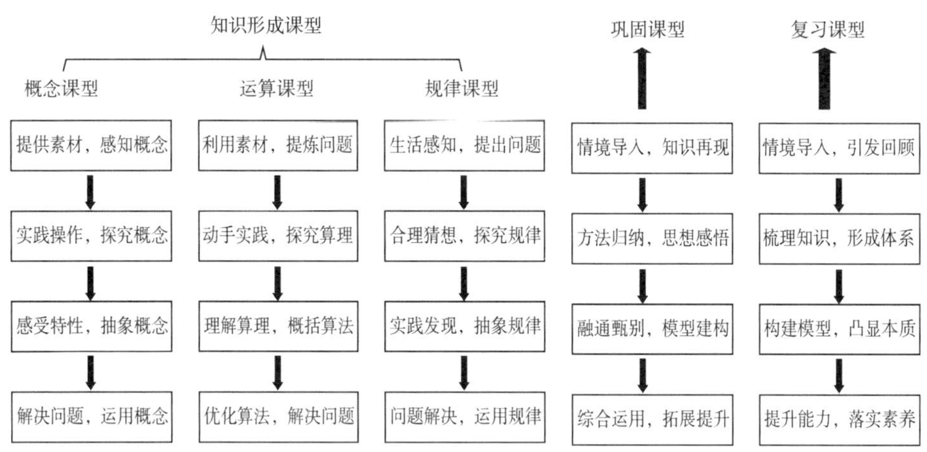

图 6-1　“四步”课堂教学模式

以上五种模式，课型不同，培养学生的关键能力不同，形成和发展学生的核心素养不同，因此教学模式不同。五种课型的教学模式，都是“四步”，第一步都是由情境导入，从生活中抽象出数学问题或数学知识，落实数学抽象的核心素养；第二步至第四步，课型不同，教学模式呈现出差异。但是第二步、第三步都在通过不同的方式探求、概括、抽象出事物的本质，第四步都是在应用中拓展概念的外延，整个教学过程都在透过所学内容的本质，抽象出共同特点，形成概念、算法、规律或建构模型，这正是概念思维的形成过程。因此，我们研发的“四步”教学模式，简便易操作，颇受一线教师青睐。

历经 9 年，我县通过小学数学概念思维能力教学研究，实现了核心素养、课程目标、教学内容的有效对接，真正促进了小学生数学概念思维能力的发展。

二、数学概念思维研究成果被广泛认可

（一）数学概念思维研究成果得到市级认可

2020 年 12 月，由德州市教育科学研究院主办的《基于核心素养下的小学数学课堂教学标准建设研究》成果推进会在我县举行。会上分别展示了概念课、运算课、规律课三种课型的课堂教学模式，并对三种课型的教学模式及课堂教学标准进行解读，再现我县小学数学概念思维能力教学研究成果。本

次推进会采用全市直播的形式，当天在线观摩学习达到 6 万余人，覆盖面之广，参与度之高，影响之大，在德州市范围内前所未有，《德州晚报》进行了相关报道，至此，项目研究成果在德州市逐渐发挥影响力。

（二）概念课型“四步”教学模式在济南市舜文学校进行展示

历经 9 年的研究，项目研究成果经过数次的验证、修改和完善，现已正式进入推广阶段。2021 年 5 月，概念课型“四步”教学模式在济南市舜文学校以课例形式进行展示，《折线统计图》的教学设计以概念课型的课型梳理表为依据，以“四步”教学模式展示概念的感知、探究、抽象和建模过程，使学生的核心素养在课堂教学中得到充分发展，得到听课教师和领导的一致好评。

（三）研究成果在山东省基础教育教学优秀成果培育与推广研讨会全面推广

2021 年 7 月，通过小学数学概念思维能力教学研究，研制的课型梳理表、教学设计模板和教、学、评三位一体的评价标准构成了《基于核心素养下的小学数学课堂教学标准建设研究》的研究成果，在山东省基础教育教学优秀成果培育与推广研讨会全面推广，得到与会专家的一致好评。由此，数学概念思维教学研究已被广泛认可。

第二节　公开发表研究成果的反响

截止到 2020 年 9 月，我县开展的此项研究已接近 8 年，无论是研究成果还是研究方式，都让我感慨良多，我想让更多的人受益，分享我的研究过程，打开研究之门，走向研究这条幸福的道路上来。由此，理论成果逐渐走入读者的视野。

一、《开启研究门，走向幸福路》

我的文章《开启研究门，走向幸福路》于 2020 年 9 月在《山东教育》（小学版）发表，现将文章全篇摘录如下。

开启研究门，走向幸福路

近年来，平原县小学数学团队针对课堂中发现的真问题，深入开展研究，不仅推动了数学课堂教学的改革，而且逐渐探索出适合县域数学教师发展的培养模式，形成了教师乐教、学生乐学、师生乐研的大好局面，实现了从县级点式研究到省级改革项目研究的实质性跨越，引领全县小学数学教师逐步走上科研这条幸福的道路上来。

一、找准研究点，开启县域小学数学研究之路

1. 课堂中发现真问题

一位教师在执教青岛版数学六年级下册《圆柱的侧面积和表面积》时，学生操作、课件演示都有，学生貌似学会。但当教师提问底面周长和高相等时圆柱的侧面展开图是什么图形时，学生回答长方形。教师一脸茫然，怎么会出现这样的回答？课后点评时，听课教师一致认为：这节课学生通过动手操作不深入，继而不明确沿圆柱的高剪开前后的关系，所以不能依据直接经验真正理解圆柱侧面展开图是什么图形。

这一知识点是否对后续学习有影响呢？接下来，对县域内部分七年级的学生进行了调查，抽测结果不尽如人意。这充分说明，六年级圆柱侧面展开图学习的重要性。针对这一知识点，是否全县的学生都存在以上的问题呢？

2. 两次调研

第一次调研：2014 年 5 月，在全县小学数学知识应用活动中，我做了第一次调研。考察题目如下：一块长方形铁皮，利用图中的阴影部分刚好做一个油桶（接头处忽略不计）。求这个油桶的容积。

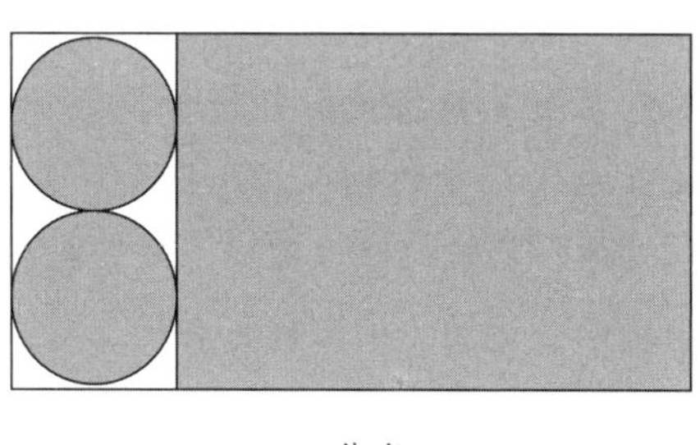

——→ 16.56分米 ←——

第一次调研结果统计：参加活动的 720 名学生，竟然有 223 人出错，出错率达 30.97%。出错原因：①部分学生没有思路；②有的学生求出半径，找不到圆柱的高。笔者反思：这是一道考查空间观念的题目，出错率之高，不容忽视。

第二次调研：2014年6月，在全县小学生六年级毕业水平测试中，一个题目设计如下：把一个高3分米的圆柱体底面平均分成若干个扇形，然后把圆柱体切开，拼成一个与它等底等高的近似长方体，长方体的表面积比圆柱体的表面积增加60平方分米，原来圆柱体的体积是多少？

第二次调研结果统计：全县共4290名小学毕业生，竟有2185人出错，出错率达50.93%。分析出错原因：①没有空间观念，无从下手的学生约占三分之一；②不知道增加的表面积是哪儿，即不知道增加的是长方体哪个面的面积；③求半径的方法不会，思路混乱。

两次调研足以证明：我县小学生不仅是圆柱侧面积这一知识点没掌握好，而是空间观念没有有效建立。因此，我们找准了这一研究点，“如何有效培养学生的空间观念”正式提上我县教学研究的日程。

二、明确四条线，深入开展小学数学纵向研究

“空间观念”主要体现在“图形与几何”领域，这一领域是小学阶段“数学与代数”“图形与几何”“统计与概率”“综合与实践”四大领域之一，于是我们采取线式研究，将一至六年级的数学知识按四大领域串成四条线，首先开启“图形与几何”这条线的研究，力求有效培养学生的空间观念。

1. 明确空间观念的概念

空间观念是指根据物体特征抽象出几何图形，根据几何图形想象出所描述的实际物体；想象出物体的方位和相互之间的位置关系；描述图形的运动和变化；依据语言的描述画出图形等。

2. 开展理论研究

首先明确分析学情的重要性，即掌握小学生的年龄特征和现有认知水平是教师课前必做的功课。于是县教研员引领种子教师仔细阅读发生认识论创始人、儿童心理学家皮亚杰《儿童的物理因果概念》等著作，熟悉儿童的心理，掌握学情做到有据可依。然后对照课程标准研读教材，按“图形与几何”这条线把一至六年级的数学教材相关内容进行分块。

3. 进行实践探究

（1）引导学生观察、感知实物和几何图形：在学习面积时，不仅让学生感知黑板、课桌等实物的表面，还让学生通过比较餐厅和厨房面积的大小，来感知面积单位产生的必要性。

（2）加强实验操作，获得直观感知：在探索长方形面积公式时，先让学生摆一摆，数一数，一共用了多少个小正方形把长方形铺满，继而教师引导学生用尺子量出长方形的长和宽，想象出沿长能摆几个，沿宽能摆几个，计算得出一共能摆多少个小正方形，为长方形面积公式推导奠定了扎实的基础。这样的实验操作过程，由直观到抽象，是培养小学生空间观念的一种有效的方式。

（3）关注儿童几何思维的发展：充分考虑儿童几何思维发展的实际水平，在儿童的最近发展区内实施教学活动。在推导圆的周长公式时，教师让学生充分经历猜想、实验、发现和归纳等数学活动，体会“化曲为直”的转化思想，积累数学活动经验。

（4）利用信息技术培养学生空间观念：在探究圆的面积、圆柱的体积时，等分的份数越多，拼成的图形越接近长方形、长方体，这种极限思想的培养是传统教学无法达到的，及时有效地利用信息技术对图形的变化进行动态显示，有利于学生空间观念的形成。

综上所述，我们以“图形与几何”领域这条线的研究为例，以教材为载体，以空间观念的理解与培养策略为主线，阐述了我县的小学数学教学研究思路。历经六年，我县把小学数学四大领域研究完毕，并形成了县域内小学数学教学标准，申请的德州市教育科学规划重点课题、山东省教学研究课题“小学教学标准建设研究”相继结题，使一批青年教师成长为骨干教师，涌现出2位德州市名师，连续四年走向省级课堂进行展示。针对如何在小学数学课堂教学中落实核心素养这一问题，我县于2019年3月申报了山东省基础教育教学改革项目——“基于核心素养下的小学数学课堂教学标准建设研究”，并成功立项，这标志着我县小学数学研究已经步入了省级教学改革的行列。

三、全面部署，拓展小学数学横向研究

山东省基础教育教学改革项目成功立项，把我县小学数学教育教学领向科研高地。基于之前六年纵向研究的基础，结合“立德树人”这一根本任务，将小学数学拓展为横向研究，把小学阶段数学教学内容分成18种课型，项目力求通过这18种课型的研究，构建一套基于核心素养下的小学数学课堂教学标准模式。

1. 转变研究方式

全局部署，将点、线式研究拓展为面的横向研究，把我县教学研究真正推向改革的行列。首先确立实验学校：为确保项目的有效实施，我县择优确立14所实验学校，明确实验学校的工作任务，引领实验学校步入教学改革的行列中来，大大提升了学校的内涵发展。然后申报子课题：为科学引领全县扎实做好此项研究工作，浓化研究氛围，经批准，该项目下设 5 类子课题，这不仅有利于扎实推进项目深入开展研究，而且使全体实验学校和实验教师有据可依，为项目能够研究出丰硕成果奠定了坚实的基础。

2. 推进项目实施

为使项目顺利实施，德州市 2019 年度山东省基础教育教学改革项目开题评审会暨省级项目专题培训活动成功举办。我县申报的项目“基于核心素养下的小学数学课堂教学标准建设研究”在开题报告会上得到了专家的高度好评。为提升项目研究成果的影响力，该项目德州市推进会于 2019 年 11 月 18 日在平原县第一实验小学成功举行。这是我县项目研究成果的首次展示，将初步形成的概念课课堂教学模式向全市进行汇报，大大提升了我县省教改项目在全市的影响力，为项目的进一步推广奠定了坚实的基础。

3. 开展项目研究

目前，“基于核心素养下的小学数学课堂教学标准建设研究”已经进入实质性研究阶段。短短四个月，实验学校不仅梳理出一至六年级所有概念课，而且制定出概念课的课型梳理表，让实验教师在备课阶段有章可循、有的放矢。实验教师不仅完成了子课题的立项申请、线上开题工作，而且将研究深入到线上教学。居家学习期间，如何培养学生的主动学习能力？最好的方法就是让学生对学习内容保持兴趣或吸引力，这也是重要的数学素养。

教师乐教、学生乐学、师生乐研的大好局面正是我县小学数学开展点、线、面式研究的成果，就像苏霍姆林斯基所说：如果你想让教师的劳动能够给教师带来乐趣，使天天上课不至于变成一种单调乏味的义务，那你就应当引导每一位教师走上从事研究的这条幸福的道路上来。那么，就让我们一起在幸福的道路上携手前行吧！

二、典型课例走向国家层面

山东省基础教育教学改革项目《基于核心素养下的小学数学课堂教学标准建设研究》直击核心素养在课堂教学中的落实，为检验其落实情况，我于 2019 学年末对全县五年级小学生进行纸笔测试，如下：

小明的妈妈去超市购物，下面是小票的一部分。

(1) 请计算：橄榄和蛋黄酥软糖分别应该花多少元钱？和实收金额比一比，你发现了什么？

名称	数量（kg）	单价（元/kg）	实收金额（元）
橄榄	1.770	7.60	13.50
蛋黄酥软糖	0.156	36.00	5.60

（2）超市按这种收款方式，士力架每千克74元，0.145千克实收多少元？

试题分析见下篇，基于此题的分析，反馈课堂教学，于是我撰写了《基于生活探究　提升数学素养》，2020年11月在《小学数学教育》上发表，并于2021年3月被中国人民大学书报资料中心复印报刊资料G392《小学数学教育与学》第3期全文转载，这对我来讲是莫大的鼓励，鼓励我继续踏实地行走在教育科研的道路上，全篇摘录如下。

基于生活探究　提升数学素养①

——“合理取积的近似值”教学片断与思考

弗赖登塔尔说过：“数学源于现实，也必须扎根于现实，并且应用于现实。”这很好地解释了数学与人类生活和社会发展紧密关联的含义。因此，数学教学要从学生的生活实际出发，精心设计问题情境，激发学生的学习兴趣，使学生积极探索数学规律，主动用数学知识来解决生活中的实际问题，并在这个过程中培养核心素养。下面以青岛版五年级上册第一单元信息窗3“合理取积的近似值”这节课的教学为例，谈谈如何通过运用生活素材引发学生的探究，最终达到培养学生数学素养的目标。

片断一：购物引发计算，激起探究欲望

课前任务：

（1）请同学们做一次家庭的小主人，去附近超市购物，拿回购物小票后，运用刚学习的小数乘法核对购物小票，你发现了什么？

（2）调查你的家人走向工作岗位的第一个月工资是多少元？

上课时每位学生面前摆着一份购物小票和手写计算账单，有的学生报怨这家超市多收了钱，有的学生高兴这家超市真划算……教师随机抽取两个较大超市的购物小票，利用实物投影展示到屏幕上。

① 本文系2019年度山东省基础教育教学改革项目《基于核心素养下的小学数学课堂教学标准建设研究》（项目批准号：3714034）的研究成果之一。

××超市（超市1）			
名称	单价（元/kg）	数量（kg）	总价（元）
原味干炒瓜子	28.00	0.948	26.54
蛋黄酥软糖	36.00	0.156	5.62
徐福记花生酥糖	42.00	0.662	27.80
美国纸皮核桃	57.60	0.320	18.43
合计金额：78.39			
折扣金额：0.09			
应付金额：78.30			

××超市（超市2）			
名称	数量（kg）	单价（元/kg）	总价（元）
鸡蛋	2.000	6.60	13.20
橄榄	1.770	7.60	13.50
梨	1.580	4.00	6.30
西红柿	0.650	9.00	5.90
茄子	0.860	13.40	11.50
应付金额：50.40			
实付金额：50.40			

师：你们的计算结果和购物小票上的实付金额相同吗？

师：去超市1购物的这位同学展示一下你的计算结果。

生1：这是我在超市1购物后的计算结果（如下图），我实际只花了78.30元，超市1划算。

28×0.948=26.544（元）

36×0.156=5.616（元）

42×0.662=27.804（元）

57.6×0.32=18.432（元）

26.54+5.62+27.80+18.43=78.39（元）

师：这位同学计算得真仔细，结果都保留了三位小数。去超市2购物的这位同学展示一下你的计算结果。

生2：这是我在超市2购物后的计算结果（如下图），我实际花了50.40元，超市2多收钱了。

6.6×2=13.2（元）
7.6×1.77=13.452（元）
4×1.58=6.32（元）
9×0.65=5.85（元）
13.4×0.86=11.524（元）
13.2+13.452+6.32+5.85+11.524=50.346（元）

师：这位同学小数乘法学得真好，结果很正确。

【思考】合理取积的近似值是在学生已经掌握小数乘法算理的基础上进行教学的，要想使学生能正确熟练地进行小数乘法计算，强化练习必不可少。因此，本节课尽量选取学生感兴趣的素材，通过核对购物小票引发计算，发现在收付现款时，针对小数位数的保留问题每个超市的做法不同，有的让顾客省了钱，有的让顾客多花了钱。这不仅使枯燥的小数乘法计算变得有意义，而且激发了学生进一步学习的热情和探究的欲望。

片断二：比较引发研讨，进行数据分析

师：比较这两家超市，你发现了什么？

生1：超市1合算。因为在计算每一件商品的总价时保留了两位小数，即四舍五入到“分”。

生2：超市2多收钱，不公平。西红柿实际5.85元，而超市收了5.90元。

生3：如果我们都去超市2购物，那超市2多赚多少钱啊？

生4：那我们都去超市1购物，超市1不仅四舍五入到“分”，最后还把“分”都舍了呢。

生5：如果都去超市1购物，超市1也得赔不少。

师：超市1和超市2的赔与赚区别在于什么？

生1：收款时，“分”的处理方式不同。超市1四舍五入到“分”，超市2四舍五入到“角”，并且超市1在计算总额时“分”全部舍掉。

师：是的，两个超市对于“分”的处理方式不同。“分”对应的是精确到两位小数，“角”对应的是精确到一位小数。为什么同学们对钱数有三位小数这一点没有争论呢？

生：一年级我们学“认识人民币”时，最小单位是“分”，所以在收付现款时算到“分”就可以了。

师：我们在收付现款时通常算到“分”，那么超市为什么明知算到“分”合理，还要舍“分”或四舍五入到“角”呢？这背后可是有故事的。

学生面面相觑，教室里一片安静。

【思考】学生在核对购物小票时发现自己的计算结果与购物小票有出入，通过分析多个数据，找到了超市收款的不同之处。数据分析是指能够基于解决问题的需要收集数据、整理数据、描述数据，并通过分析数据做出判断，它是研究随机现象的重要方法。本环节教学在比较两家超市收款时，学生自觉进行数据分析，不仅超越了以往在统计领域的教学效果，而且对于培养学生数学素养起到了总体提升的效果。

片断三：案例引发维权，体现思维严谨

师：面对超市 2 的做法，同学们愤愤不平，感觉到很不公平；面对超市 1 同学们又替商家叹惜，下面请同学们看这样一个案例。

课件出示：

2019 年 2 月 2 日 18 时 44 分，市民肖先生在陕西某超市有限公司西安纺渭路店购买了价值 54.76 元的商品。结账时，超市四舍五入收取了肖先生 54.80 元现金，多收了 4 分钱。事后，肖先生将超市告上法庭，要求退还多收取的 4 分钱并承担诉讼费。4 月 23 日，灞桥区法院进行了判决：超市方退还肖先生 4 分钱；本案诉讼费 50 元减半收取，由超市方承担。由于肖先生前期已支付了诉讼费，庭审结束后，超市方履行判决，向肖先生支付了 25.04 元。

师：针对以上案例，同学们谁想说点什么呢？

生 1：4 分钱不值得打官司。

生 2：该打官司，让商家知道顾客不是不会计算而是不计较。

生 3：超市 1 舍“分”原来是担心惹麻烦啊！

师：虽然只有 4 分钱，但是这说明了我国是法治社会，这是社会进步的表现。肖先生的一纸诉状，实际上是顾客的“权利宣言”，具有示范意义，虽然对顾客而言，分币可以忽略不计，但唤醒了商家对顾客权利的尊重，更多地替顾客考虑，更好地打造健康、和谐、温馨的市场消费环境。此案结束后，有些超市避免分币找补带来的收银效率降低，取消原先“四舍五入”的规定，采取了“舍零”模式，即不管是 1 分钱，还是 9 分钱，付款时商家一概不要，以让利的方式回馈顾客。不过，分币看起来不打眼，但累积起来却是一笔不小的数目。有专业人士透露，因放弃分币，个别大型超市一年损失高达 50 万元。

【思考】恰当真实的案例不仅增强了学生的维权意识，而且让学生深刻体会到数学思维严谨的重要性。思维严谨具体表现为数学活动中的思维缜密、有理有据、一丝不苟和规则意识，这正与我国当前依法治国的理念完全符合，更是在数学课堂上真正落实“数学素养是现代社会每一个人应该具备的基本素养”的课程本质。

片断四：经济引发感慨，体现理性精神

师：虽然现在大部分人使用微信或支付宝支付，但还有很多人使用现金支付，试想购物时找零会出现长长的队伍，大大降低收银员工作效率。相对于金钱来说，时间更重要。因此造成现在商家出现的两难问题，我们还要从源头说起。

师：请同学们拿出家人工作后第一个月的工资收入统计。

展示学生的统计表：

以下是大专毕业生参加工作时第一个月的实习工资。

4 个年度大专毕业生首月工资统计表

年度（年）	1982	1996	2009	2019
工资收入（元）	41	260	1800	2800

师：为方便同学们观看 4 个年度大专毕业生首月工资增长情况，老师给大家制成了折线统计图，关于折线统计图的知识即将在后面学习。

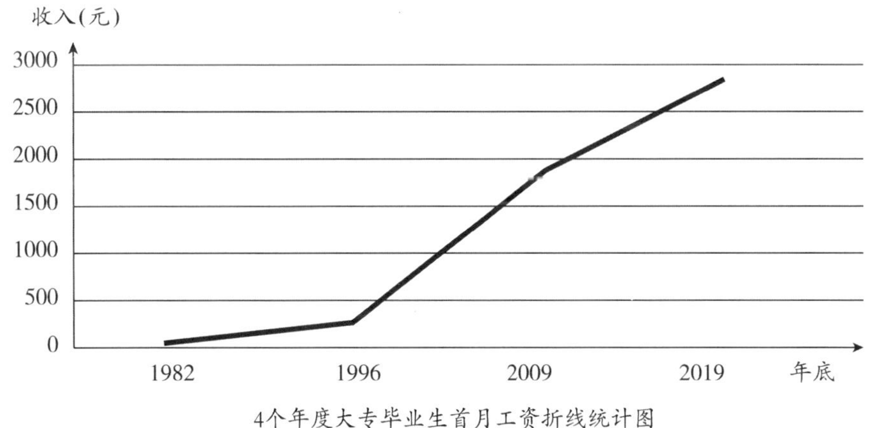

4个年度大专毕业生首月工资折线统计图

生：从 1982 年到 2019 年，工资增长的太多了！

师：对啊！工资从几十元增长到近 3000 元，这个变化大家都能感受到，可是还有一个变化，大家能否感受到？

生：还有什么变化？

课件出示：

1955 年的第二套人民币、1962 年的第三套人民币发行时最小面值为 1 分，1987 年的第四套人民币发行时最小面值为 1 角。

生：在一年级我们学习元、角、分时见到过分币，怪不得这几年几乎见不到了。

师：通过工资收入和货币发行两方面，同学们都能体会到我国经济的飞速发展。请试想随着国民经济的发展和人民生活水平的提高，找零问题可能会从“分”升级到“角”甚至到“元”，那么将来找零问题该如何解决呢？

生：根据实际情况合理取近似值吧！

师：说得真好！言归正传，面对购物小票，当前在收付现款时通常只算到“分”，当然在实际生活中，同学们能根据“情况合理取近似值”这一点最重要，后续我们还会继续探讨。

【思考】看似简单的知识点，通过系列探究最终找到了最合适的解决方式。这种在活动中对感性材料进行抽象概括和分析综合，形成一系列概念、判断和推理，去寻求事物本质和规律的探索精神，就是数学的理性精神。在数学教学中教师通过预设，引发学生质疑、寻求事物本质和规律的探索精神，正是实现学生核心素养培养的最高层面。

本节课的教学设计，从购物经历、数据分析，再到生活中的诉讼案例、工资调查等，都力求基于实际生活，不仅增强学生学好数学、用好数学的信心，而且让学生经历发现和提出问题、分析和解决问题的过程，从而学会用数学的眼光观察现实世界、会用数学的思维思考现实世界、用数学的语言表达现实世界。可能多年后，小数乘法的计算、分币处理、合理取近似值的知识学生都已忘记，但在学习过程中所获得的观察问题的角度、思考问题的方法将影响其终身，这就是这节课带给学生的数学素养。

三、典型课例解读

《基于生活探究　提升数学素养》被中国人民大学书报资料中心 G392《小学数学教与学》2021 年第 3 期全文转载，引起了强烈反响。看似是一节简单的课例，实质上改变的是教师的理念。将“三会”目标真正在课堂教学中落实，使广大数学教师深刻认识到“引领学生解决真实情境中的问题”的重要性。因为未来真实情境中的问题往往是复杂的，没有现成方案的，需要学生会用数学的思维来解决真实问题。德州市教科院小学数学教研员谢志平主任从基本观点、主要创新和学术价值、学术影响或社会效益三个方面进行了解读，从另一个角度看，我们的研究成果已经呈现出一定的影响力。具体解读内容摘录如下。

（一）基本观点

2014 年 3 月，教育部印发《关于全面深化课程改革落实立德树人根本任务的意见》（教基二〔2014〕4 号），文件中明确提出核心素养，即学生应具备的适应终身发展和社会发展需要的必备品格和关键能力。2016 年 9 月《中国学生发展核心素养》正式发布，以科学性、时代性和民族性为基本原则，以培养“全面发展的人”为核心，分为文化基础、自主发展、社会参与三个方面。综合表现为人文底蕴、科学精神、学会学习、健康生活、责任担当、实践创新六大素养。这六大素养为具体培养学生的核心素养提供了可以遵循的评价标准。

从学生核心素养到学生的必备品格和关键能力，必须借助学科教学这一媒介。数学是一门基础学科，与人类生活和社会发展紧密关联。数学教育帮助学生掌握现代生活和进一步学习所必需的数学知识、技能、思想和方法；提升学生的数学素养，引导学生会用数学眼光观察世界、会用数学思维思考世界，会用数学语言表达世界。这“三会”本质上就是数学核心素养，是超越具体数学内容的数学教学课程目标，也可以理解为中小学数学教育的终极目标。本论文以“合理取积的近似值”教学片断为例，把枯燥的数学运算、繁杂的数据融入日常购物分析中，深刻感受到数学与生活的紧密联系，提升学生应用数学解决实际问题的能力，力求达到培养学生“三会”的数学核心素养。

首先，引导学生会用数学眼光观察世界。荷兰数学家、数学教育家弗赖登塔尔（Hans Freudenthal）曾说：“数学源于现实，也必须扎根于现实，并且应用于现实。”本成果利用学生真实的购物经历，通过运算，发现数学问题，这对学生而言是一种强烈的感性刺激，在这种刺激下，使枯燥的计算变得有意义，激发了学生探究的欲望。

其次，引导学生会用数学思维思考世界。本论文通过大量的数据分析，启发学生探寻超市收款的不同之处，即“分”的处理方式不同。超市 1 四舍五入到“分”，超市 2 四舍五入到“角”，并且超市 1 在计算总额时“分”全部舍掉。引领学生寻找背后的原因，其实就是培养学生数学思维的严谨性。思维严谨具体表现为数学活动中的思维缜密、有理有据、一丝不苟和规则意识。肖先生的“4 分钱”维权案例，说明在数学课堂教学时，要充分挖掘数学学科中的法制因素，把握时机，适时、适度地渗透法制教育，促使学生养成依法办事、遵纪守法的良好习惯，促进他们理性思维的发展，以实现健康成长，达到素质教育的目的。

最后，引导学生会用数学语言表达世界。本论文通过调查，分析数据，用数学语言描述工资收入和货币发行的变化，让学生充分感受到我国经济的飞速发展，从而体会到根据生活实际合理取积的近似值的必然性，最终找到解决问题的最合适的方式。

总之，本成果基于实际生活选取素材，让学生经历发现问题、提出问题、分析和解决问题的过程，从而学会用数学的眼光观察世界、用数学的思维思考世界、用数学的语言表达世界。可能多年后合理取积的近似值的知识学生都已忘记，但在学习中所获得的观察问题的角度、思考问题的方法将影响其终身，这正是学生核心素养培养的最高层面。

（二）主要创新和学术价值

1. 主要创新

学术思想上，秉承“数学源于现实，也必须扎根于现实，并且应用于现实”的理念，将枯燥的数学运算融入购物的生活场景中，激发学生探索新知、解决问题的欲望，使数学学习的过程成为学生领悟数学价值、认识周围世界的过程。这很好地诠释了数学与人类生活和社会发展紧密关联的含义。

学术观点上，恰当真实的案例，不仅增强了小学生的维权意识，而且与我国当前依法治国的政策完全符合，是数学课堂上真正落实“数学素养是现代社会每一个公民应具备的基本素养”的理念。

在研究方法上，引导学生科学论证。该成果源于山东省基础教育改革项目《基于核心素养下的小学数学课堂教学标准建设研究》，项目聚焦小学数学课堂教学，提升学生数学核心素养。本论文采用真实的数据，从发现问题、分析数据、判断推理到解决问题，经历科学论证的过程。这不仅符合教育教学规律和学生身心发展规律，而且促进学生主动全面发展。

2. 学术价值

该成果通过构建相互联系、逻辑严密的问题系列，帮助学生内化知识，提升学生思维的参与度，教师通过不断的追问、探问，引导学生由表及里，质疑问难，经历有意义的实质性的学习，使学生在不断地思考、分析中形成递进式思维，让学生的思维经历由外在的认识走向理性的深入，从而在探究知识的过程中积淀数学思想方法，提升数学思维品质。

（三）学术影响或社会效益

从成果的学术影响来看，该论文被发表在《小学数学教育》上，从2020年11月论文发表至今，在中国知网上被下载6次，并且被中国人民大学书报资料中心《小学数学教与学》全文转载。其影响力已初步显现。

从社会效益来看，市域层面：该成果两次在德州市进行全市经验交流，特别是第二次的德州市成果推进会，当天在线观摩学习达到6万余人，并在《德州晚报》进行报道。县域层面：全县各小学无论是视导、联片教研，还是优质课评选，都围绕数学核心素养与课堂教学内容的有效对接设计教学活动，从而培养了大批研究型教师，推动了平原县小学数学教学的发展。

下篇　数学概念课堂的教学评一体化

“教学评一体化教学”，不是一种特定的、固化的教学模式，而是一种课堂教学设计和组织的理念和指导思想。它强调课堂教学目标、教师教学活动、学生学习活动和教学评价的一致性，要求教师在进行教学设计时整体地、一体化地考虑教、学、评等环节和内容。

数学概念思维的教学评一体化，依据清晰的目标，在课堂教学中有效培养学生的概念式思维，将教师的教学行为、学生的学习行为、学习的评价融合为一个整体，使教师通过评价能及时、有效地了解教学效果，及时调整教学，提高学习目标的达成度。

9 年来，为了考察学习目标的达成度，我时刻关注课堂教学，关注学情，更确切地说关注学生的最近发展区，以学情来衡量课堂教学效果，从《核心素养与数学核心概念》篇到《核心素养与数学概念课型》篇，再到这一篇的《数学概念课堂的教学评一体化》，初步形成了“以学定教”的个人教学主张。

第七章　从以学定教到教学评一体化

教学评一体化是课堂教学的指导思想，指向教学的有效性。教学有效的唯一证据在于目标的达成，在于学生学习结果的质量，在于何以证明学生学会了什么。[①] 而以学定教，恰是以学生学会了什么、学会的程度来确定教学，因此，教学评一体化有效促成以学定教的形成。

第一节　以学定教的基本含义

以学定教起始于孔子的“因材施教”，后到陶行知的“教学做合一”，再到顾泠沅的“以学定教”，无不渗透了以生为本的教育理念，也更让我深刻意识到中国教育的博大精神，指引我走上以学定教的研究之路，从而形成我的个人教学主张。

一、孔子的因材施教及启示

《论语·先进》记载，子路问：“闻斯行诸?”子曰：“有父兄在，如之何其闻斯行之?”冉有问：“闻斯行诸?”子曰：“闻斯行之。”公西华曰：“由也问闻斯行诸?子曰：‘有父兄在’；求也问闻斯行诸，子曰：‘闻斯行之’。赤也惑，敢问。”子曰：“求也退，故进之；由也兼人，故退之。”

（一）因材施教的基础——备学生

因为学生性格不同，所以孔子引导学生的方式不同，这是典型的因材施

① 参见王云生：《“教-学-评一体化”的内涵与实施的探索》，《化学教学》2019 年第 5 期。

教。现实教学工作中，因材施教的前提是充分了解学生，那么孔子是怎样了解学生的呢？

“听其言而观其行”。把“言”和“行”结合起来考察，这就是孔子了解学生的方法，也就是现代教育中的谈话法和观察法。下面通过详细研究孔子“因材施教”的实施策略，我才找到了“没有理论支撑，我不敢坚持”的真正理论支撑，才实现了“只因有理论，我才敢坚持”的蜕变。

（二）因材施教的实施策略

第一，针对智力的差异，采取不同的教育方法：孔子针对学生智力差异的客观实际出发，把学生大致分为“上智”“中人”“下愚”三类。孔子学生中，既有“闻一知十”的颜回，又有“闻一知二”的子贡，智力水平可谓参差不齐。智力较低甚至于“下愚”的学生，只能教给他们与智力水平相符的知识，否则“欲速则不达。”

第二，针对学生的个性特点进行教育：孔子认为，学生的个性特点千差万别，因此教育的方法也应不同，随之教学的内容也各有侧重，不能千篇一律。如前文所引《论语·先进》篇，由于子路“好勇过我”，遇事鲁莽，故孔子教育他遇事要谨慎考虑，多听他人的意见再采取行动；由于冉有胆小怕事，遇事退缩无主见，故孔子鼓励他遇事要果敢，大胆地采取行动。

第三，根据学生的年龄特征、兴趣爱好进行教育：孔子学生中年龄存在很大差异，有和孔子年龄相近的，如秦商、子路；有和孔子年龄相差一代的，如颜回、子贡；也有差别相当大的，如子张、子骄。不同年龄段的学生心理特点不同，孔子的对待方式也不同。如“君子有三戒：少之时，血气未定，戒之在色；及其壮也，血气方刚，戒之在斗；及其老也，血气既衰，戒之在得”。[①]

以上是孔子因材施教的教育理念，随着社会的发展，富于丰富的现代内涵。目前，因材施教是教学中一项重要的教学方法和教学原则，在教学中根据学生的认知水平、学习能力以及自身素质，教师进行针对性的教学，从而促进全体学生的共同发展，这也是新课程标准强调的要“面向全体”，对促进教育公平有着极强的现实意义。

（三）因材施教对我的启发

孔子的因材施教恰恰印证了我“没有理论支撑，我不敢坚持”中的③，

① 以上参见陈晓芬、王国轩、蓝旭、万丽华译：《四书》，中华书局 2017 年版，第 106 页。

③的出现恰是因为学生的个性差异、主体经验的不同，导致部分学生先分单根再分整捆时商的位置出现的困惑。课前教师如果能充分备学生，了解学情，哪里还敢说“执教这么多年③从未出现过”。因材施教，对于一线教师而言，在理论上耳熟能详，但是运用在教学实践中还是很欠缺，反映在备课时备教材很认真，但备学生往往流于形式。学生的认知基础、个性差异等很难像备教材那样详尽，所以难以抓住课堂生成，以致不能根据学情及时调整自己的教学思路，起到的是事倍功半的效果。

二、陶行知的教学做合一及启示

陶行知先生历来主张教育要因材施教，他曾说过：“培养教育人和种花木一样，首先要认识花木的特点，区别不同情况给以施肥浇水和培养教育。”“教学做合一”是陶行知先生提出的三大主张之一，“教学做是一件事，不是三件事。我们要在做上教，在做上学”。他以种田为例，指出种田这件事，要在田里做的，便须在田里学，在田里教。在陶行知看来，教学做合一是生活法，也就是教育法。它的含义是：教的方法根据学的方法；学的方法根据做的方法。事怎样做便怎样学，怎样学便怎样教。教与学都以做为中心。在做上教的是先生，在做上学的是学生。[①]

特别是其中“教的法子必须根据学的法子”，让我多年的研究豁然开朗。视导听课时，有多少教师是按照预定教案进行教学的，这一点作为教研员的我是很清楚的。诚然，备好课是上好课的前提，但是课堂教学时有些学生的思维是相当活跃的、无法预料的，就是这些无法预料的思维可能就是这节课的精彩之处，但是教师往往是不敢“接招儿”的，因为担心扰乱了教学思路，所以采取冷处理态度，视而不见，往往就错过了“生成课堂”的大好时机，那“教的法子”又何谈根据“学的法子”呢？

造成以上课堂情形的主要原因是课前备课时对学情了解不够充分，在课堂上也就不能灵活应变。正确的备课应是在备教学内容的前提下，充分备学情。备学情包括备学生的年龄特点、现有生活经验、认知水平、个性差异，只有找准学生认知起点，才能有效把握学生的知识生长点，才能根据课堂教学中学生的表现及时调整教学策略和进度，帮助学生解决即时的困惑，促成课堂的生成。就像先生所说的，怎样学就须怎样教；学得多教得多，学得少

---

① 参见陶行知：《教学做合一下之教科书》，《陶行知全集》第2卷，四川教育出版社1991年版，第650页。

教得少；学得快教得快，学得慢教得慢，这才是教学合一的有效结合，也就是“以学定教”。

三、顾泠沅的“以学定教”及启示

顾泠沅教授曾指出：“可以预见，未来的课堂教学，无论是在教育观念上，还是在教学结构上，都将朝着以学生的学习为中心这一核心内容发生转型，也就是‘以学定教’”。① 课堂转型最为核心的是“以学生的学习为中心来组织教学”，这不仅是我们将来课堂教学改革的方向所在，也是国际上课堂教学发展的潮流所向。②

搜索以学定教的含义，所谓“以学定教”就是依据学情确定教学的起点、方法和策略。这里的学情包括学生的知识、能力基础，学生的年段认知水准，学生课前的预习程度，学生对新知的情绪状态等学习主体的基本情况。而“定教”，就是确定教学的起点不过低或过高，在恰当的起点上选择最优的教学方法，运用高超的教学艺术，让每一位学生达到最优化的发展。

然而在小学数学概念思维能力教学研究的过程中，以学定教的含义得到延伸，不只是依据学情确定教学的起点，还包括根据在课堂教学中学生出现的问题，教师随时调整预案，真正做到以学情定教学；当然在进行评价时，也根据学生的学情定课堂教学效果。即“以学定教”体现于课前备课、课堂上课、教学效果评价的过程性评价，还体现于学期末的终结性评价，这才是“以学定教”的真正内涵。在这个过程中，如果以清晰的目标为统领，使教、学、评融为一体，就形成了教学评一体化。

第二节　教学评一体化的理解

如果说布卢姆等人创建的教育目标分类学初衷是试图建立目标与测验（终结性评价）的一致性，那么他 20 世纪 70 年代创立的“掌握学习”教学模式，则是试图解决教学与评价的一致性问题。该模式的重要经验之一，是倡导教学评价贯穿于教学过程。这也许就是“教-学-评一致性”的首创性经

① 顾泠沅：《以学定教的课堂转型》，《上海教育》2011 年第 7 期。
② 参见顾泠沅：《以学定教的课堂转型》，《上海教育》2011 年第 7 期。

验。然而，当时的局限性在于，教师没有能力把握“清晰的目标是什么”“这些目标来自哪里”。①

然而，随着国家课程标准的纷纷出台，“教-学-评一致性”的研究真正开始。20世纪80年代，美国掀起了一场“基于标准的教育改革运动（standard-based reform，简称SBR）”，要求教学评与课程标准保持一致。90年代中后期，英国提出了“为了学习的评价”理念。指出教师的教要促进学生的学。随后，世界各国也先后开展如何在学科教学中实现“为了学习的评价”的研究，倡导把评价与教学相整合，实现“教、学、评”一体化。②

由此可以看出，教学评一体化重视教学目标、学生的学习目标、课堂教学评价目标的一致性。正如崔允漷、夏雪梅在《“教-学-评一致性”：意义与含义》一文中所说：“清晰的目标是‘教-学-评一致性’的前提和灵魂。没有清晰的目标，就无所谓教-学-评的活动，没有清晰的目标，也就无所谓一致性，因为判断教-学-评是否一致的依据就是，教学、学习与评价是否都是围绕共享的目标展开的。”③

如果在“没有理论支撑，我不敢坚持”中，产生的是错失课堂生成的郁闷，轻视的是学情；那么在2014年“圆柱展开图”的课堂提问中，产生的是淡化学生操作的困惑，轻视的不仅是学情，重要的是课程目标不够明确。比较小学数学概念思维能力教学研究的两个阶段，强调课程目标在课前、教学、课堂效果评价中的一致性，真正实现了教学评一体化。

一、两次梳理，明确课程目标

一是主题式梳理。核心素养与数学核心概念研究篇中，以空间观念为例，针对“图形与几何”领域的四大主题，多以单元为目标，从学生现有基础、对后续学习的影响、培养方式、课程目标四个维度，纵向梳理小学阶段每个主题的有关内容，便于教师掌握学情，找准知识的生长点，通过小学数学概念思维能力教学研究，系统化培养学生的空间观念，从而达到课程标准要求的课程目标。

二是课型梳理。基于核心素养的数学概念课型篇中，以数学概念课型为例，针对“数与代数”“图形与几何”“统计与概率”三大领域，多以课时为

---

① 参见崔允漷、夏雪梅：《“教-学-评一致性”：意义与含义》，《中小学管理》2013年第1期。

② 王云生：《“教、学、评”一体化的内涵与实施的探索》，《化学教学》2019年第5期。

③ 崔允漷、夏雪梅：《“教-学-评一致性”：意义与含义》，《中小学管理》2013年第1期。

目标，从课型、学科核心素养、课程目标、教学内容、教学实施建议五个维度，横向分析数学概念课型的有关内容，便于教师根据数学概念形成的特点，研究总结出培养学生数学概念思维的模式，从而发展学生的核心素养，最终完成课程目标。

以上两种梳理方式，无论是四维还是五维，均已明确课程目标，这是教学评一体化的前提，也是以学定教的关键，更是为教师课前备课提供依据。课前备课包括备教材、备学生，这都是针对学生的年龄特点、现有生活经验、认知水平等具体情况来界定教学内容的重点、难点、关键点，从而进行教学过程的设计。即，以学生的学情定教学的起点和学生的知识生长点。

二、由“三环”教学流程到“四步”教学模式，达成课程目标

“三环”教学流程，根据“图形与几何”领域特点，重在使学生经历实践操作的过程，由此发展学生的空间观念；“四步”教学模式，根据数学概念课型的特点，重在使学生经历探究概念、抽象概念的过程，由此形成适合学生自己的数学概念思维方式。图 7-1 为课堂教学流程图、课堂教学模式的示意图。

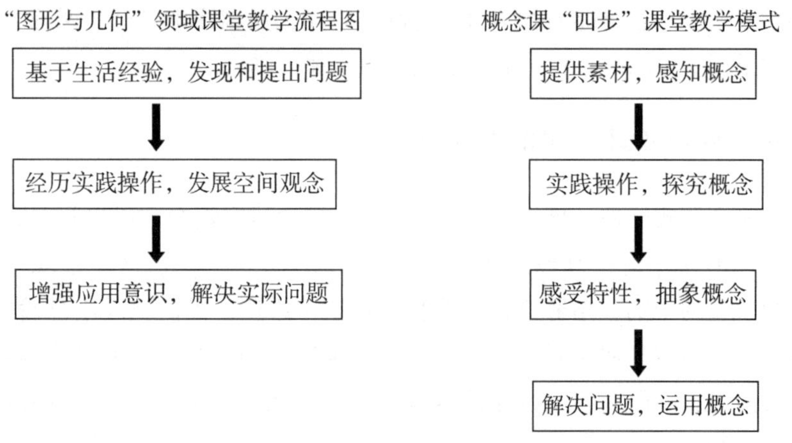

图 7-1　课堂教学流程图、课堂教学模式

很明显，“四步”是“三环”的升级版，更加注重概念的形成过程。无论是“三环”教学流程还是“四步”教学模式，都是以发展学生的核心素养为纲，重在展现学生数学概念的形成过程，归根结底还是为了达成课程目标。因此，在课堂教学中要关注学生的表现，根据学情适时调整教学思路，实现

课堂教学中的以学定教，促成教和学的一致性。

三、两种评价标准，检测课程目标的达成度

核心素养与数学核心概念研究篇中，空间观念的教学标准是用来评价“三环”课堂教学流程的，它以“三环”作为评价指标，注重的是过程性评价，每个指标又划分为优秀、良好、合格三个层级，来衡量课堂教学达到的效果。

核心素养与数学概念课型篇中的三位一体的评价标准包括教师教的标准、学生学的标准和评价标准。教师教的标准以“二维三层八指标”为指导，规范教师的教学行为；学生学的标准以“四步四维三层级”为依据，衡量学生的学习效果；评价标准以“三维三层十一指标”为准绳，检验学科核心素养的达成度，落实立德树人的根本任务。

以上不同阶段研制的两种标准，重在依据“三环”或“四步”，进行课堂教学过程和效果的评价，以此检测课程目标的达成度。评价教学过程和效果最终目的是调整和改进教学，以达到以学定教的良好教学效果，促进每位学生在最近发展区的区间上得到实质性的发展，真正实现教学评一体化。

第八章 数学概念思维的教学评一体化

小学数学概念思维能力教学研究，重点是通过小学阶段的数学学习，使学生认识事物时，能透过事物的表象抽象出其本质，并加以概括，逐渐形成概念式思维，从而使数学学习达到良好的效果，有效完成课程目标。然而，此处的“有效”与否，它唯一的证据在于目标的达成。

如何证明目标的达成呢？这就需要评价。本书研发的教师教的标准、学生学的标准和课堂教学评价标准，总体衡量的是课堂教学效果，这是过程性评价。但整项研究历经 9 年，其中过程性检测也经历了由初期到成熟、再到完善的变化，由研究之初以督促、导向为主的测试，到以分析数据、调整研究方向为主的测评，再到诊断性、阶段性的跟进式测评，逐步递进的测评方式，使数学概念思维的教学评逐步走向了一体化。

第一节 数学概念思维测评的简介

研究过程中，为及时解决研究中发现的新问题，调整研究方向，我带领项目组采取边研究、边测评、边修改、边完善的研究策略，使测评紧跟研究的脚步，通过听、评课＋纸笔测试的形式对课堂教学效果进行评价。引领一线教师关注课堂教学、关注学情、关注课程目标的达成，从督促、导向到简单的数据统计，再到数学概念思维教学评一体化，经过 9 年的研究之后，发现实验学校的学生比非实验校的学生关键能力有明显提高，由此证明，小学数学概念思维能力教学研究的必要性。

一、数学概念思维的测评类型

本测试主要是通过数学概念思维的教学研究，是否有效完成课程标准要求的课程目标。因此以测量的参照系为标准，采取目标参照性测验。它是测量学生掌握的数学知识与数学学习目标的关系，其功能主要是说明学生的学业是否达到教学目的的要求，测验结果只与既定的目标相比较，着眼于数学教学目标的完成情况，而不在考生间进行比较，凡达到目标的学生均可予以通过。① 本测验衡量学生是否达到课程目标，测试题的选取有教学前、中、后所进行的测验，也有六年级学生的水平测试，总之，发现问题及时检测，分析检测效果，及时调整研究思路，更好地服务于一线教学。

根据国务院印发的《深化新时代教育评价改革总体方案》，坚持科学有效，改进结果评价，强化过程评价，探索增值评价，健全综合评价，充分利用信息技术，提高教育评价的科学性、专业性、客观性。因此，本项目按照评价的价值标准分类，采用绝对性评价。绝对性评价是在评价对象群体之外，预定一个客观的或者理想的标准，并运用这个固定的标准去评价每个对象，主要用于评价既定学习目标达成情况。这种评价的标准不受评价对象所在团体状况的影响，评价结果的好坏，只与被评对象自身的水平相关。本项目中只是运用数学课程标准去评价每位学生的学习目标是否达成、是否形成和发展学生的核心素养，是否最终达到“立德树人”的育人目标。

二、数学概念思维的测评依据

数学概念思维的测评依据是《义务教育数学课程标准（2011 年版）》和《普通高中数学课程标准（2017 年版）》。核心概念在《义务教育数学课程标准（2011 年版）》中包括数感、符号意识、空间观念、几何直观、数据分析观念、运算能力、推理能力、模型思想、应用意识和创新意识。核心素养在《普通高中数学课程标准（2017 年版）》中指的是数学核心素养，包括数学抽象、逻辑推理、数学建模、直观想象、数学运算和数据分析。为了增强测评的可操作性，基于以上六大核心素养，依据《义务教育学科核心素养·关键能力测评与教学》，结合小学阶段数学课程内容及其要求，对小学数学核心

① 参见马云鹏、孔凡哲、张春莉主编：《数学教育测量与评价》，北京师范大学出版社 2009 年版，第 6 页。

素养所体现出的关键能力进行分解①，见表 8-1：

表 8-1 小学数学核心素养关键能力分解

数学抽象	逻辑推理	数学建模	直观想象	数学运算	数据分析
抽象出数或图形 抽象出数量关系 抽象出图形关系	合情推理 演绎推理	发现和提出问题 分析和解决问题	直观感知 空间观念 几何直观	理解运算 实施运算 估算	收集和整理数据 描述和分析数据

测试内容依据《义务教育数学课程标准（2011 年版）》中第三部分课程内容，第一学段（1~3 年级）和第二学段（4~6 年级）的具体要求，检测学生是否达到课程目标，衡量是否形成和发展了学生数学核心素养，是否最终落实立德树人的根本任务。

三、数学概念思维测评的变化

研究初期测评多以领域、核心概念为主呈现出系统化；中期测评多以课型、核心素养为主，从多种课型中总结归纳出数学概念思维的测评方式，呈现出逻辑化，后期以总结性测评为主，检测通过此项研究，核心素养的达成度。重要的是随着研究的深入，由督促、导向为主的测试逐渐调整为以分析数据、调整研究方向为主的测试，后又成为检测、完善研究成果为主的测试，下面举例说明。

（一）以督促、导向为主的测试

以检测学生空间观念为例，2014~2017 年的测试，每学期都会出现此类型的题目，重点不在于统计分析，而是督促全县数学教师重视学生空间观念的培养，所以这时的测试是为教师明确方向，引领教师加强对空间观念研究的持续性，因此测试范围多为全县各单位的全体学生。

2014~2015 学年度测试：

如下图，把一个底面直径为 8 分米、高是 10 分米的圆柱转化成一个与它等底等高的近似的长方体，其表面积增加了（　　）平方分米，转化前

① 参见义务教育学科核心素养与关键能力研究项目组编：《义务教育学科核心素养·关键能力测评与教学》，江苏凤凰科学技术出版社 2018 年版，第 17 页。

圆柱的体积是（　　）立方分米，转化后的长方体的体积是（　　）立方分米。

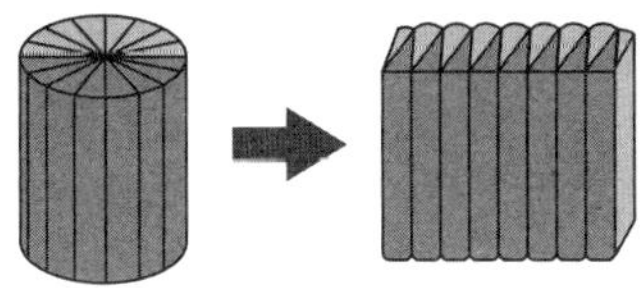

2015~2016学年度测试：

把一个圆平均分成16份，拼成一个近似的长方形，所拼成的长方形周长比原来的圆的周长长8厘米，原来的圆的半径是（　　）厘米，圆的面积是（　　）平方厘米。

2016~2017学年度测试：

李老师准备了下面不同规格的材料，请合理选择，做出一个无盖圆柱形盒子。

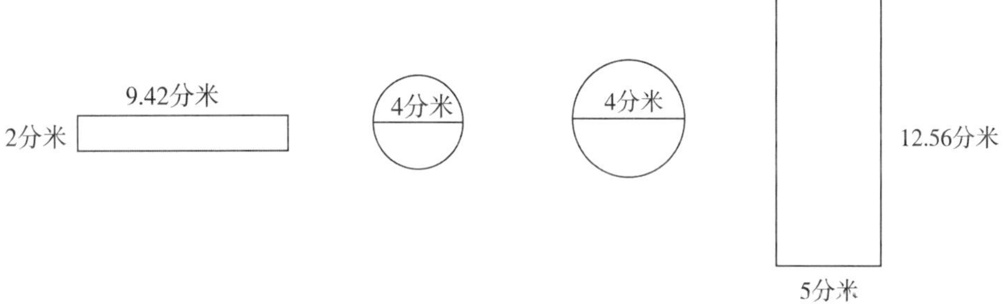

（1）选择的材料是（　　）和（　　）。

（2）做成的无盖圆柱形盒子的体积是多少立方分米？

（二）以分析数据、调整研究方向为主的测试

以分析数据、调整研究方向为主的测试，这个时期以线段图的测试为例，重在检测学生使用线段来解决问题的能力和相关数学核心素养的达成，类似这样的检测可以是诊断式检测，也可以是阶段性测试，测试的结果用来发现问题，从而调整研究思路。因此，测试范围多是城区或片区的部分学校。

例8-1：

越野行走比散步有效，比慢跑安全，是健步走的升级版，因此，越野行走是一项老少皆宜的运动。今年的越野行走全程是15千米，其中环山路段占

$\frac{1}{3}$，海滨路段占 $\frac{1}{5}$，其余的是公路路段。

（1）环山路段和海滨路段共长多少千米？（先画图分析，再解答）

（2）今年的越野行走全程比去年延长了 $\frac{1}{2}$，去年的越野行走全程是多少公里？（先画图分析，再解答）

（3）如果明年把越野行走全程比今年延长 $\frac{2}{5}$，明年的越野行走全程是多少公里？（先画图分析，再解答）

【内容情况】

表 8-2　例 8-1 所考察的内容及相关情况

内容领域	具体内容	试题目标	核心素养	关键能力	题型	分值
数与代数	六年级：用分数四则混合运算解决实际问题	会借助线段图分析稍复杂的问题，用分数四则混合运算来解决实际问题，提高分析问题和解决问题的能力	数学运算 数学建模	实施运算 分析和解决问题	解决问题	9 分

【出题意图】

小学阶段，对于分数的四则混合运算，只要能掌握运算顺序、会进行基本的运算、能解决实际问题即可，不要人为地复杂化，但要保证学生有更多的时间来学习解答稍复杂的、用分数知识解答的实际问题的策略和方法，提高发现和提出问题、分析和解决问题的能力。因此，教学时要特别重视用线段图的教学，使学生逐步掌握用线段图分析数量关系的方法，真正体验数形结合方法的优越性。至于在解决问题的过程中学生运用线段图的熟练程度如何，作为这次测试的主要指标。

【测评统计】

表 8-3　四个片区学校考生正确率统计表

片区	考生人数（人）	正确人数（人）	正确率
西片	669	504	75.34%
南片	563	384	68.21%
东片	813	655	80.57%
中片	897	724	80.71%

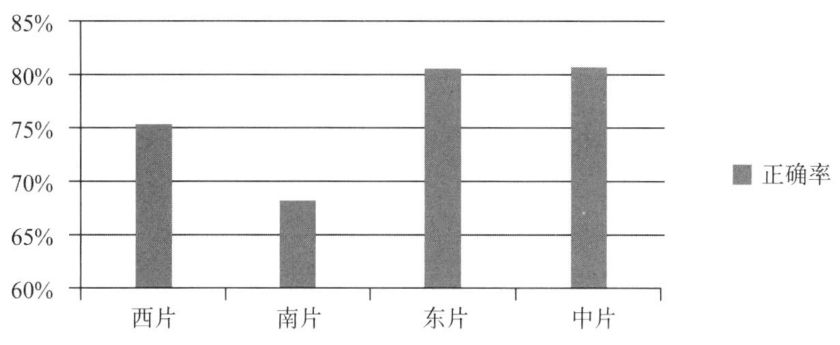

图 8-1　四个片区学校考生正确率统计图

【测评分析】

这次测试主要从全县各片区域内随机抽取两个单位，共抽取 2942 人进行施测，做对此题的人数为 2267 人，正确率为 77.06%，全县学生的数学运算、数学建模素养总体培育良好。但从片区图发现，南片较弱，分析其原因，画线段图出错率较高，导致分析数量关系不准确，因此南片区在落实数学建模素养时应加强分析和解决问题能力的培养。

（三）以检测、完善研究成果为主

以检测、完善研究成果为主的测试，这种测试重在检测学生在新情境下解决问题的能力，不仅可以衡量学生的核心素养、课程目标是否在课堂教学中能充分达成，而且可以衡量学生能否透过题目情境抓住解决问题的本质，即学生的概念式思维是否已经形成，因此，测试范围是县域内的全体学生。

例 8-2：

小亮全家从平原县出发，开车去青岛市市南区。油表显示 50 升，小亮问爸爸："还加汽油吗?"爸爸说："咱的汽车油耗是 8 个油，去青岛 400 多千米，足够了。"于是小亮开启了探索之旅。

汽车行驶路程与耗油量的关系如下表：

路程（km）	10	20	30	40	50	60	70	……
耗油量（L）	0.8	1.6	2.4	3.2	4	4.8	5.6	……

（1）小亮发现，汽车行驶路程与耗油量成什么关系？并替他说明理由。

（2）完成下图，并描出汽车行驶路程和耗油量相对应的点，然后把它们按顺序连起来。

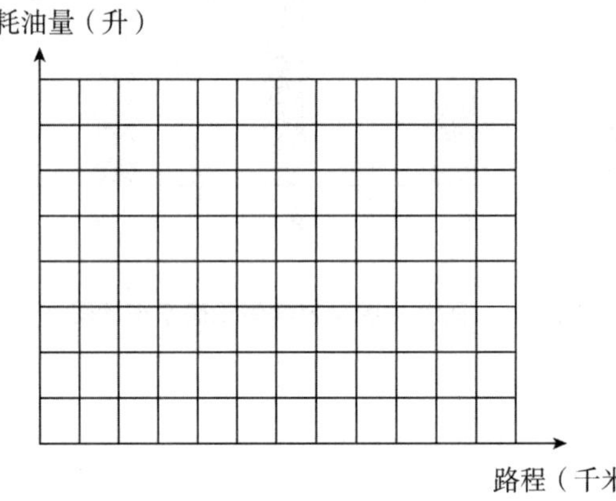

（3）请计算耗油量 8 升时，行驶路程是多少千米?

（4）小亮恍然大悟，开始爸爸说的"8 个油"，就是指 100 千米的耗油量啊！青岛市市南区距离出发地 440 千米，小亮通过计算和比较，发现 50 升汽油确实够用。请帮小亮写出计算和比较的过程。

【内容情况】

表 8-4　例 8-2 所考察的内容及相关情况

内容领域	具体内容	试题目标	核心素养	关键能力	题型	分值
数与代数	六年级：用正比例关系解决实际问题	通过具体情境，判断是否成正比例关系，并会根据给出的有正比例关系的数据在方格纸上画图，并能在实际生活根据正比例做出正确判断	数学抽象 数学运算 数学建模	抽象出数量关系 实施运算 分析和解决问题	解决问题	10 分

【出题意图】

本试题内容隶属于“数与代数”领域，主要考查在新情境下解决问题的能力。生活中常说的“8 个油”对于小学生而言，很难理解其含义。本题是在真实的生活情境中，检测正比例意义、图像，逐步抽象出“8 个油”的概念，通过运算发现 50 升汽油确实够用，然后通过运用“8 个油”的概念来解决“50 升汽油确实够用”的实际问题，由此考查学生的概念思维能力形成过程。

【测评统计】

表 8-5　例 8-2 四道小题的得分率统计表

题号	平均得分率	县直得分率	乡镇得分率
(1)	76.44%	78.84%	74.86%
(2)	80.98%	81.56%	80.59%
(3)	74.72%	75.20%	74.40%
(4)	75.68%	74.21%	76.66%

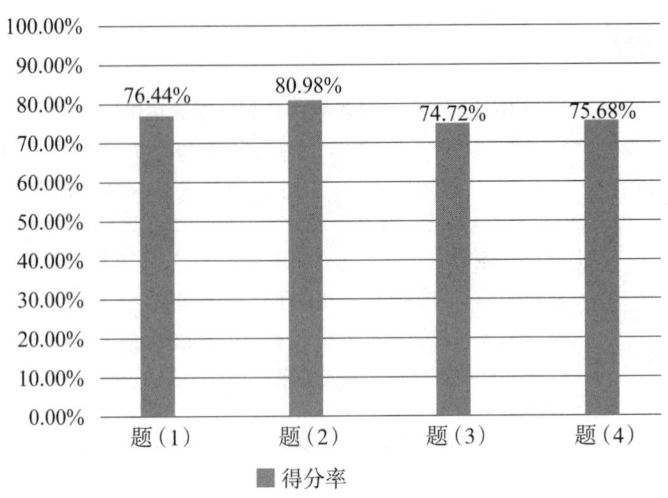

图 8-2　全县学生平均得分率统计图

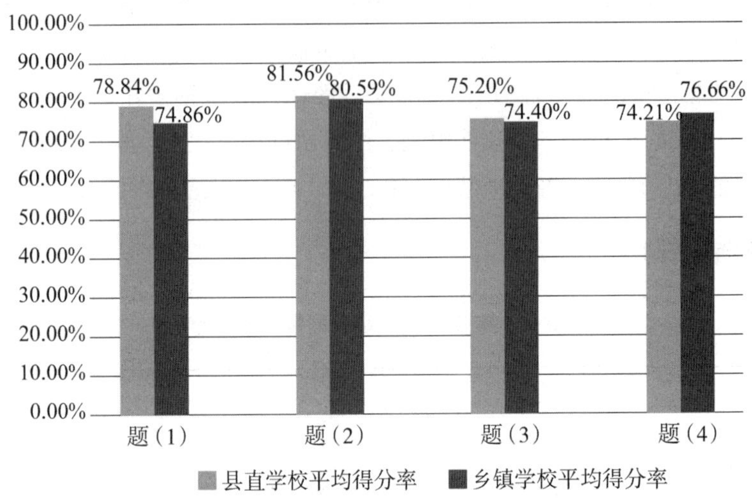

图 8-3　县直和乡镇学生得分率统计图

【测评分析】

本题包含 4 个小题，满分 10 分，全县六年级共 4800 名小学生平均得分率为 76. 6%。从县直和乡镇学校得分分布情况分析，前三道小题县直学生的作答情况都要好于乡镇学生，但是乡镇学生在第（4）题的得分率略高于县直。以下具体分析每个小题的答题情况。

第（1）题主要考察：能否正确理解正比例的意义，以及把实际生活中的信息抽象为数学问题，并进行解决。

表 8-6 第（1）题的出错类型统计表

出错类型	出错情况
类型 1	没有写或写出反比例。说明学生对于正反比例的意义不理解，无法正确判断正反比例的量。
类型 2	写出正比例，但无法正确说明理由。说明学生对于正反比例能够正确区分，但无法根据具体题目进行证明。

本小题平均得分率为 76.44%，大部分学生能够正确写出正比例，但无法正确说明理由。说明学生能根据正、反比例的意义进行区分，但仅仅停留在基本知识的层面，对于其本质并没有理解，即正比例是比值一定，反比例是乘积一定。

由此可见，相近概念课型的课堂教学更应该让学生深刻体会数学概念的本质，才能在生活中具体应用，从而发展学生的数学素养。

第（2）题主要考查：根据汽车行驶路程和耗油量画出正比例图像。

表 8-7 第（2）题的出错类型统计表

出错类型	出错情况
类型 1	没有画图或者画的不是正比例的图像。说明学生无法正确根据表格中数据判断成正比例的量以及对正比例图像掌握欠缺。
类型 2	画出止比例的图像，但没有点出（0，0）这个点，画的图像不完全。说明学生对于正比例的意义了解不充分，将正比例的图像与折线统计图混淆。
类型 3	画出正比例的图像，但坐标轴上的数据写错，没有一一对应，与给出的表格数据不一致。说明学生虽然了解正比例的意义，也知道如何画出正比例的图像，和类型 2 有些相似，不能正确理解原点的意义。

本题得分率为 80.98%，《义务教育数学课程标准（2011 年版）》明确要求：会根据给出的有正比例关系的数据在方格纸上画图。

根据出错情况分析，大部分学生都能掌握正比例的图像是一条直线，但是细节部分仍有欠缺。其原因在于，课程标准理解不到位，平时练习大都是根据正比例的图像来进行分析或解决相关问题，很少让学生根据表格来画出正比例图像。在正比例学习过程中应遵循“分析数据-认识图像-理解意义”的认知过程，出错类型 1 说明学生在以上的认知过程中有薄弱处，所以才会根据数据不能准确判断出是成正比例，或者不知道正比例的图像是一条直线。出错类型 2 和 3 则说明学生无法区分正比例图像与折线统计图，没能掌握画正比例图像的方法。因此，在教学中教师一定要充分理解课程目标，学生的学习目标才能有效达成。

第（3）题主要考察：使用正比例解决生活中的实际问题，会根据其中一个量的值估计另一个量的值。

表 8-8　第（3）题的出错类型统计表

出错类型	出错情况
类型 1	不会计算。
类型 2	400÷8＝50（千米）说明学生没有读懂题意，没有建立正比例的数学模型，将第三题与第四题混淆。
类型 3	列出算式 8×0. 8 或 8×8 学生没有读懂正比例表格的含义，不会提取信息“10 千米耗油 0. 8 升”。

本题的得分率是 74. 72%，说明在实际生活中运用正比例，根据其中一个量的值估计另一个量的值没有达到课程目标。本题的难点是在表中找出相对应的两个数据，再根据正比例关系列出比例，从而解决问题。即汽车的耗油量与行驶路程的比值一定，解：设行驶路程是 X 千米。$\frac{0.8}{10}=\frac{8}{X}$，$X=100$。类型 1 不会计算的原因是第（1）题和第（2）题出错，没有正确判断两种量成正比例关系，导致第（3）题无从下手，还是说明学生对于正比例的意义没有充分理解。此题大部分学生选择用比例来解决问题，只有少部分学生用倍比法解决，说明多数学生能知道这是比例知识的应用。因此，教师在执教比例这部分内容时，应创设具体情境引导学生抽象出正、反比例的意义，并要求学生找出生活中正、反比例的实例，进行充分交流，真正让学生理解正、反比例概念的内涵，构建起数学模型，才能正确应用正反比例解决实际问题。

第（4）题主要考查：运用“8 个油”概念，解决实际问题。

表 8-9　第（4）题的出错类型统计表

出错类型	出错情况
类型 1	没有写出任何计算比较的过程。
类型 2	能运用推理及建模意识进行计算，但没有比较。

续表

出错类型	出错情况
类型 3	列算式 440×8 或 440÷8。说明学生不懂题意。
类型 4	440÷10＝44（升）44<50 答够。说明学生不懂题意，没有对应出正确的量。

本题得分率为 75.68%，出错原因主要是学生将生活化的信息抽象为数学问题的能力较弱。“小亮恍然大悟，开始爸爸说的‘8 个油’，就是指 100 公里的耗油量啊！”这是经过第（1）（2）（3）题的观察、画图、计算、分析，总结出“8 个油”的概念，第（1）（2）（3）题正是层层递进式检测学生的概念化思维过程的形成过程，第（4）题是检测运用概念解决问题。由此，小学数学概念思维的教学评一体化正式形成，第二节将结合不同课型的课堂教学模式，进行详细阐述。

第二节 不同课型中的教学评一体化

课型不同，相应的教学模式不同，但是数学概念思维的测评相同。结合“四步”教学模式，检测学生相应的核心素养和关键能力，真正把教学内容和教学方法紧密结合，促使数学概念思维在不同课型中的教学评一体化。

一、数学概念思维在概念课型中的教学评一体化

例 8-3：

画一画，涂一涂，填一填。

(1) 请在下图方格纸上画一个周长是 8 厘米的长方形和周长是 12 厘米的正方形。

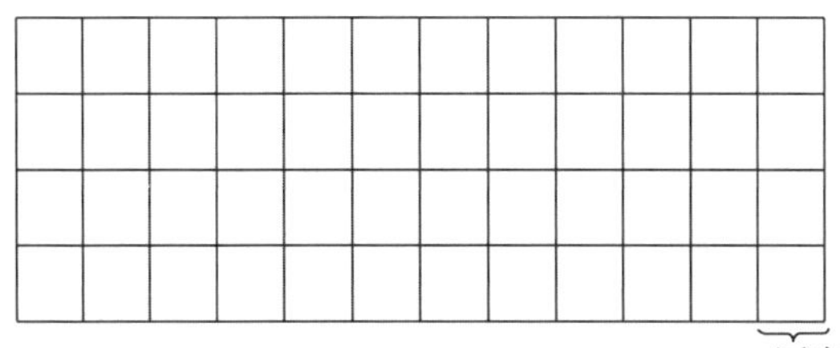

(2) 请把上面画出的长方形平均分成 3 份，涂出其中的一份，用分数表示是（　　）。

(3) 请把上面画出的正方形平均分成 3 份，涂出其中的一份，用分数表示是（　　）。

(4) 请观察上图中涂色部分，大小不同，形状不同，但都可以用分数（　　）表示。

【内容情况】

表 8-10　例 8-3 所考察的内容及相关情况

内容领域	具体内容	试题目标	核心素养	关键能力	题型	分值
图形与几何；数与代数	三年级：长方形、正方形周长的计算；$\frac{1}{3}$ 的意义	掌握长方形、正方形周长公式；能结合具体情境初步认识分数	直观想象 数学抽象 数学建模	几何直观 抽象出数或图形 发现和提出问题	操作题	9 分

【出题意图】

本题主要考查结合具体情境初步认识分数。

第（1）题是青岛版教材三年级上册第八单元信息窗 2 课后习题第 7 题改编的题目，这是一道巩固长方形、正方形周长计算的开放题，检测学生在图形中应用周长计算方法来解决问题的能力，为落实直观想象的核心素养而进行设计，同时为后面的平均分创设情境。试题中把同样长的小棒改成单位是 1 厘米的方格，便于第（2）（3）题的动手操作，通过平均分和涂色，来充分理解平均分的份数与选取的份数之间的关系，逐步在头脑中建立 $\frac{1}{3}$ 的表象，进而概括、抽象出分数的意义，即考量学生从图形中抽象出数的能力：图中涂色部分，大小不同，形状不同，但都可以用分数 $\frac{1}{3}$ 表示，从而初步认识分数的概念。

7. 用 18 根同样长的 ______ 能围成几种长方形？

长(根)				
宽(根)				
周长(根)				

数学概念课型重点培养学生的数学抽象和数学建模，以此来培养学生的数学概念思维能力。“四步”教学模式的关键是重视学生概念的形成过程，第一步到第二步，实现从生活中抽象出数学问题进行探究的第一次抽象；第二步到第三步，实现从实践操作到抽象概念的第二次抽象，这两次抽象便于学生抓住分数的本质，以此抽象概括出分数的概念。当然整个概念的生成过程就是数学建模的过程。“四步”教学模式层层递进，有利于培养学生的概念思维能力，从而形成和发展学生的数学抽象和数学建模核心素养（见图 8-4）。

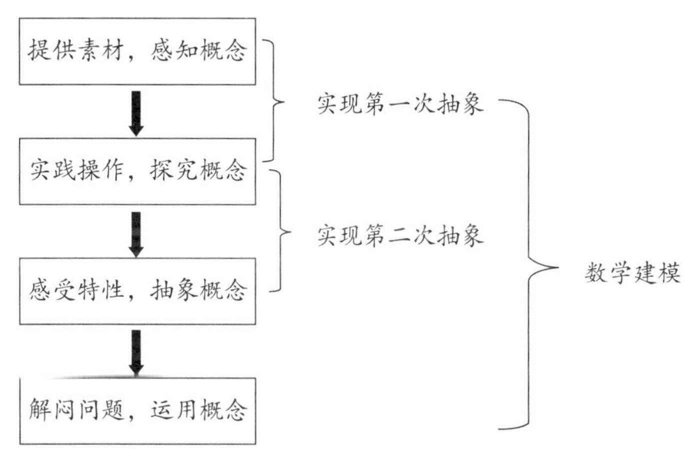

图 8-4　数学建模的过程

【测评统计】

第（1）题测试后统计如下：

表 8-11　四个片区学校考生测试情况统计表

片区	测试人数（人）	正确人数（人）	正确率
东片	1195	841	70.38%
西片	1112	779	70.05%
南片	901	742	82.35%
中片	1136	908	79.93%

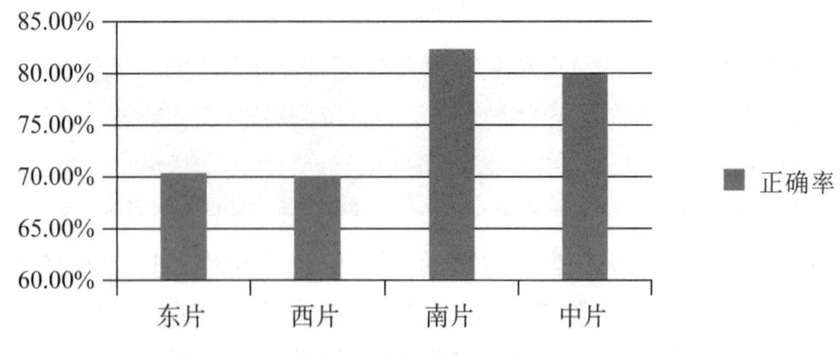

图 8-5　四个片区学校考生正确率统计图

【测评分析】

全县共 4344 人参与检测，正确人数是 3270 人，正确率为 75. 28%，整体较好。在落实核心素养方面，分析上面的图表，各片区的正确率存在显著性差异，南片和中片在直观想象方面培育良好，东片和西片在直观想象素养中的几何直观能力较弱，应查找其不足，尽快提升。

【测评统计】

表 8-12　第（2）（3）题测试情况统计表

区域	题号	题型	分值	测试人数	正确人数	正确率
全县	五、2（2）	操作题	2 分	4344 人	3724 人	85. 73%
全县	五、2（3）	操作题	2 分	4344 人	3701 人	85. 20%

【测评分析】

第（2）（3）题，正确率均达到 85% 以上，表示全县在动手操作、从图形中抽象出数的能力普遍增强，有力地证明了“四步”教学模式重视学生学习过程的重要性。

【测评统计】

表 8-13　第（4）题测试情况统计表

城乡	题号	题目类型	分值	测试人数	正确人数	正确率
县直	五、2（4）	操作题	1 分	1270 人	1033 人	81. 34%
乡镇	五、2（4）	操作题	1 分	3074 人	2267 人	73. 75%

第（4）题，全县参加测试统计的人数共 4344 人，答对人数为 3300 人，正确率为 75.97%。表明分数的概念大部分学生已经掌握。在核心素养方面，除继续检测学生抽象数的能力外，还检测学生数学建模素养下的发现和提出问题的能力。从检测效果看，全县总体数学抽象、数学建模方面培育较好，具体而言，学生抽象出的能力、发现和提出问题的能力存在城乡差别，乡镇较弱，与县直学校相差 7.59%。在大力倡导教育均衡的情况下，应尽快缩小县直和乡镇的差异。

综观第（1）（2）（3）（4）题的作答情况，证明“能结合具体情境初步认识分数”这一课程目标已经达成。从数学概念课型的“四步”教学模式，到出题意图，再到测评分析，真正实现了在数学概念课型中数学概念思维的教学评一体化。

二、数学概念思维在运算课型中的教学评一体化

例 8-4：

分一分，涂一涂，填一填。

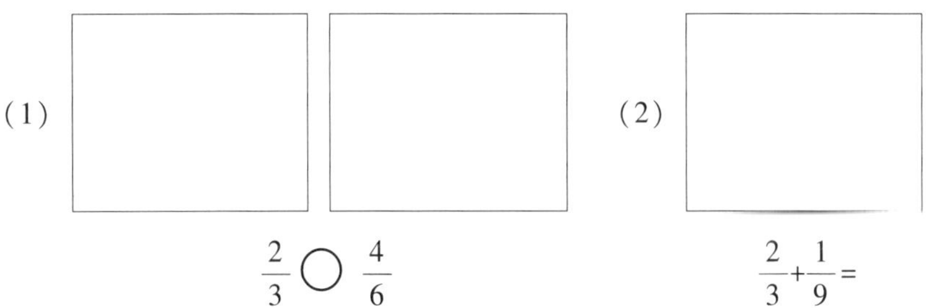

$\frac{2}{3} \bigcirc \frac{4}{6}$　　　　$\frac{2}{3}+\frac{1}{9}=$

【内容情况】

表 8-14　例 8-4 所考察的内容及相关情况

内容领域	具体内容	试题目标	核心素养	关键能力	题型	分值
数与代数	五年级： 分数的基本性质；异分母分数加法	掌握分数的基本性质、异分母分数加法	直观想象 数学运算	直观感知 理解运算	操作题	5 分

【出题意图】

第（1）题是检测分数的意义和分数基本性质的综合性题目，通过涂色和比较，加深对分数基本性质的直观感受。第（2）题在第（1）题的基础上检测学生理解异分母加法算理的情况。第（1）（2）题遵从由易到难层层递进的理念进行设计，重在检测算理的理解，引导学生借助数形结合，使抽象的算理易于理解和掌握。

运算课型，重在算理的探究和理解。目前对于部分教师仍存在轻算理重算法的现象，"四步"教学模式规范了教师执教运算课的课堂教学行为，特别是模式中的第二步、第三步引领教师关注学生探究、理解算理的过程，这正是运算课的关键所在，在时间、空间上为学生经历算理的认知过程奠定了基础（见图 8-6）。

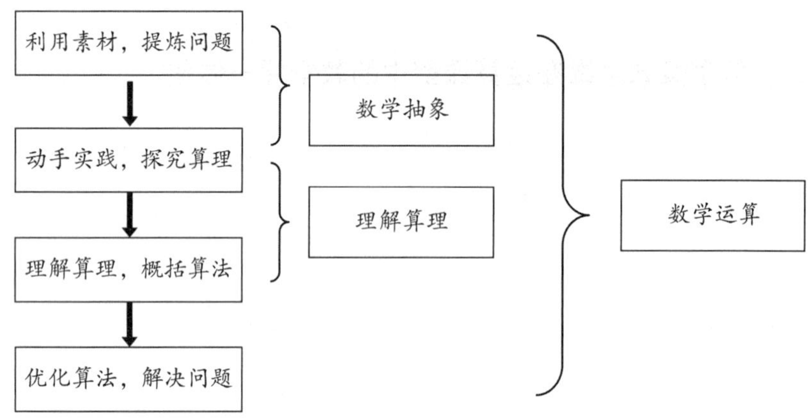

图 8-6　数学运算的过程

【测评统计】

此次测评主要针对东片区进行测试，分为实验校和非实验校，均为 1 所县直和 2 所乡镇。第（1）题东片区正确率达 90% 以上。第（2）题实验校和非实验校存在着显著性差异。

表 8-15　第（2）题实验校和非实验校测试情况统计表

学校类别	县直	乡镇 1	乡镇 2
实验校	90.98%	89.85%	87.63%
非实验校	75.00%	71.11%	69.58%

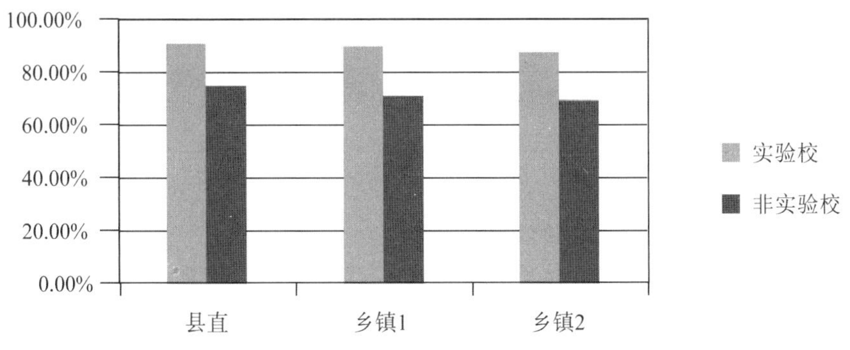

图 8-7 第（2）题实验校与非实验校测试情况统计图

【测评分析】

第（2）题共 1468 人参加抽测，1205 人正确，正确率为 82.08%，表明实验校学生数学运算素养的达成度高，证明数学概念思维能力培养良好。非实验校较之实验校而言，学生在理解算理方面还存在差距，要加大非实验校对教学模式的理解和应用。

运算课型中同样通过“四步”教学模式培养学生的数学概念思维能力，根据学生作答情况、评价分析，很好地证明数学运算素养的达成度，有效完成课程目标，促使数学概念思维在运算课中教学评一体化的形成。

三、数学概念思维在规律课型中的教学评一体化

例 8-5：

下面是一个白色长方体纸盒的展开图，它前面的面积是（　　）平方厘米，制作这个纸盒需要（　　）平方厘米的纸板；这个纸盒的体积是(　　)立方厘米。

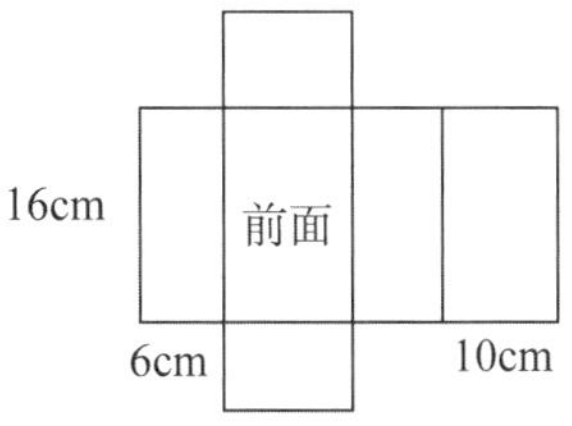

【内容情况】

表 8-16 例 8-5 所考察的内容与相关情况

内容领域	具体内容	试题目标	核心素养	关键能力	题型	分值
图形与几何	五年级：长方体的表面积、体积及计算方法	通过观察长方体展开图，会计算长方体的表面积和体积	直观想象 逻辑推理	空间观念 演绎推理	填空题	3 分

【出题意图】

在一次联片教研时，两位教师同课异构长方体表面积，年轻教师疑问：学生根据长方体的前后两个面、左右两个面、上下两个面分别相等，把六个面加起来很容易计算出长方体表面积，为什么还要把它展开，根据展开图求它的表面积呢？我当时有点懵了，从 2014 年圆柱展开图发现的问题，我带领全县搞了这么多年的研究，难道又回到始点？

课后点评时，我直接以《义务教育数学课程标准（2011 年版）》中的课时目标开始：

1. 通过观察、操作，认识长方体的展开图。

2. 结合具体情境，探索并掌握长方体的表面积的计算方法，并能解决简单的实际问题。

然后，分析了长方体展开图是实现二维和三维之间的转换，这是发展学生空间观念的一种非常有效的方式。虽然再三强调，但学期末我还是在青年教师较多的三个县直和三个乡镇展开调查。

【测评统计】

表 8-17 测评情况统计表

单位	年级人数（人）	正确人数（人）	正确率
县直 1	399	262	65.66%
县直 2	120	94	78.33%
县直 3	180	141	78.33%

续表

单位	年级人数（人）	正确人数（人）	正确率
乡镇 1	309	230	74.43%
乡镇 2	194	144	74.23%
乡镇 3	266	148	55.64%

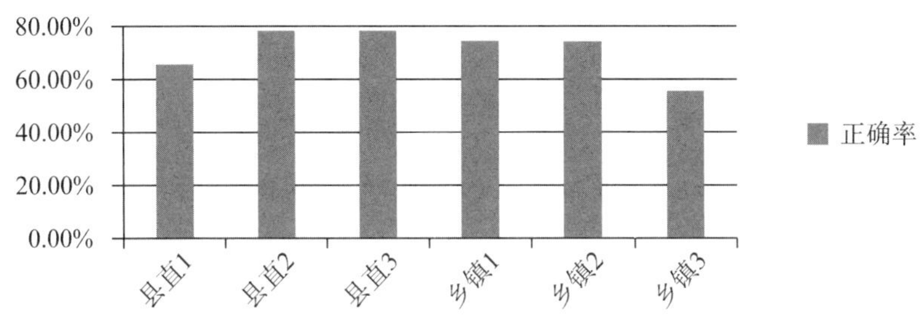

图 8-8 测评情况统计图

【测评分析】

这次共 1468 人参加抽测，1019 人做对，正确率为 69.41%，比预料的好些。抽测单位的正确率存在显著性差异，特别是有困惑的那位教师所在单位正确率最低是 55.64%。课后调查，我县大部分教师已经深入到项目研究中来，研究课程标准、教材，及时运用研究成果，但还有小部分教师没有完全融入项目研究中。从另一个角度讲，说明教师对课程目标把握的准确程度对学生学习目标的达成至关重要。分析出错原因：学生不能根据长方体展开图确定长方体的长、宽、高，即不能使学生通过观察、操作，阐述长方体展开图与原长方体的区别和联系，因此不能有效达成本节课的课时目标。二维和三维的转换是培养小学生空间观念非常有效的方式，如此至关重要的一节课从 2014 年至今我们一直在研究的路上，是年轻教师不能理解课程目标的真实含义，还是教师的知识储备有问题？因此，在全县 40 岁以下青年教师基本功大赛上，进行了如下考查：

下图是一个圆柱体“牛肉罐头”的表面展开图，请你算一算，这个圆柱体“牛肉罐头”的容积是多少？（铁皮的厚度忽略不计）（3 分）

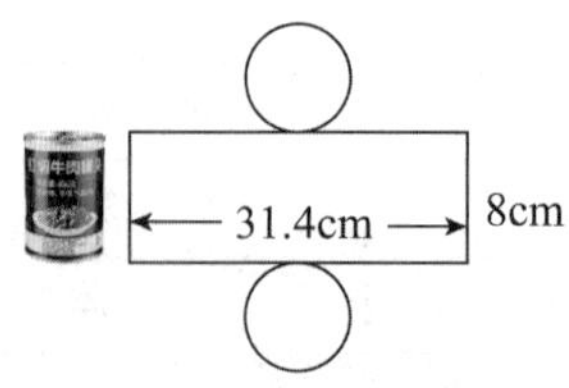

经统计，教师出错率较低，这说明教师的基本功没有问题，而是课程标准课时目标不能准确把握。基于此，引领一线教师参考本节课的课型梳理表，研读我们的“四步”教学模式，有利于课时目标的逐层实现（见表 8-18）。

表 8-18　五年级下册规律课课型梳理表

年级	课型	核心素养	课程标准	教学内容	落实核心素养教学实施建议
五年级下册	规律课	数学抽象 直观想象 逻辑推理 数学建模	1. 通过观察、操作，认识长方体的展开图。 2. 结合具体情境，探索并掌握长方体的表面积的计算方法，并能解决简单的实际问题。	长方体的表面积	1. 以小组为单位，把长方体纸盒沿棱剪开，找准对应的面，通过观察纸盒的展开图，理解长方体表面积的含义，落实数学抽象、直观想象的核心素养。 2. 小组探究求表面积的方法，无论学生运用哪种方法探究，特别是实际生活中的长方体表面积的求解，都要使学生明确长、宽、高对应的面积之和，从而落实逻辑推理、数学建模的核心素养。

课型梳理表从课型、核心素养、课程标准、教学内容、教学实施建议五个维度使本节课的重点清晰直观地呈现在眼前，教学实施建议有效地搭建了从学科核心素养到课程标准、从课程标准到课堂教学的桥梁。

规律课型的“四步”教学模式是根据规律课的特点，从大量经典课例中提炼的课堂教学四个环节，无论是时间掌控还是活动设计，都是以发展学生核心素养为纲，重点关注学生关于规律的习得过程（见图 8-9）。

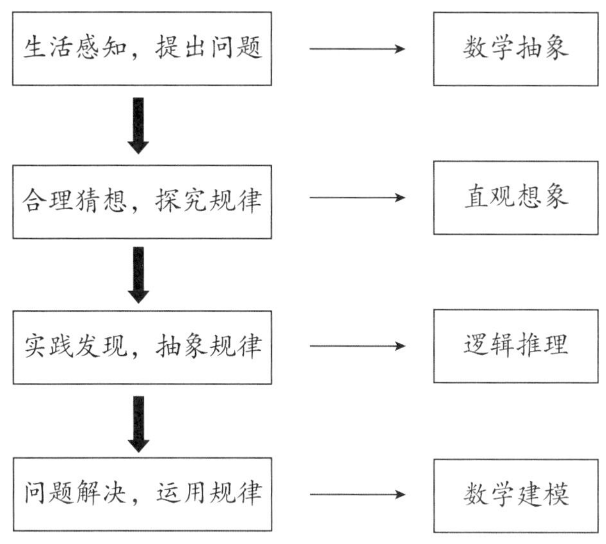

图 8-9　规律课型的“四步”教学模式

青年教师的疑问“为啥还要把它展开，根据展开图求它的表面积呢?”这恰恰是探索规律的关键环节，即“四步”教学模式的第二步“合理猜想，探究规律”和第三步“实践发现，抽象规律”，这两步正是规律课上学生通过观察、操作探索规律的重要过程，试想去掉这两个环节，“通过观察、操作，认识长方体的展开图”的课时目标如何达成，学生的逻辑推理、直观想象的核心素养又该如何培养呢?

事实再次证明，数学规律课型中“四步”教学模式对学生学习目标的达成至关重要。师生共测，将数学概念思维在规律课型中的教学评呈现一体化。

第三节　跟进式测评与教学评一体化的形成

经历了初期测评和不同课型的测评，初现了教学评一体化对数学概念思维能力提升的重要性。如何使测评和教师的教、学生的学真正融为一体，研究中经历了跟进式测评的演变，促使数学概念思维教学评一体化的形成。

一、相同的人群测试不同的题目

（一）第一次抽测

例 8-6：

会议室有 22 排，每排能坐 38 人，参会的有 760 人，能坐下吗？哪种估算方法更合理（　　）。

A. 22≈20，20×38=760（人），760=760，所以能坐下

B. 22≈20，38≈40，20×40=800，800>760，所以能坐下

C. 22≈20，38≈35，20×35=700，700<760，所以不能坐下

【内容情况】

表 8-19　例 8-6 所考察的内容及相关情况

内容领域	具体内容	试题目标	核心素养	关键能力	题型	分值	难度
数与代数	四年级：估算	在解决问题的过程中，能选择合适的方法进行估算	数学运算	估算	选择题	1 分	0.56

【出题意图】

《义务教育数学课程标准（2011 年版）》强调要注重学生估算意识的培养，让学生在感受估算的价值中学会估算的策略和方法，并对学生的估算作适度的评价。因此，测试学生根据解决实际问题的需要选择合适的估算方法势在必行。

【测评统计】

测试数据统计如下：

表 8-20　四片区学校测试情况统计表

区域	考生人数（人）	正确人数（人）	正确率
西片	1114	524	47.04%
东片	940	546	58.09%

续表

区域	考生人数（人）	正确人数（人）	正确率
南片	684	359	52.49%
中片	853	576	67.53%

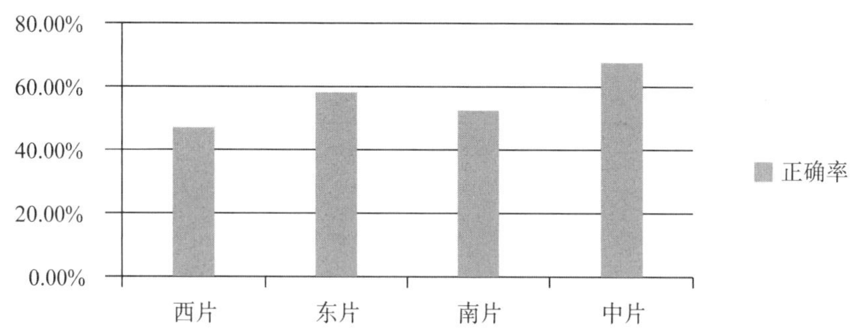

图 8-10　四片区学校测试情况统计图

【测评分析】

全县共 3591 人参加抽测，2005 人做对，正确率为 55.83%。分析上面图表，全县四个片区虽不存在显著性差异，但学生的估算意识总体较差。估算是数学运算素养中一个重要的关键能力，此题特点是要根据实际问题选择估算方法。对于 B 选项，如果没有估算情境，这种估算方法也对，可是此题不仅要估算，还要考虑最后的估算结果要与给定的人数“760”比较大小，因此根据实际问题选择合适的估算方法显得尤其重要。通过这次检测，估算研究应引起项目组的高度重视，这才有了以下的跟进式测评方法，来实现“以学定教”的教学理念。

（二）第二次抽测

例 8-7：

计算 288÷48 时，把除数看作 50 来试商，会出现（　　）。

A. 初商偏大　　B. 初商偏小　　C. 初商正好

【内容情况】

表 8-21　例 8-7 所考察的内容及相关情况

内容领域	具体内容	试题目标	核心素养	关键能力	题型	分值	难度
数与代数	四年级：估算	掌握除数是两位数的估算方法：用四舍五入法试商的方法	数学运算	估算	选择题	1 分	0.7

【出题意图】

根据上次抽测时，正确率为 55.83%，学生的估算意识总体较差，于是引领全县小学数学教师重视估算的教学。经过一段时期的研究和改进教学，我又跟进式地进行第二次抽测。这次抽测，利用“四舍五入”法试商时，增强估算意识，提高估算能力。其实“四舍五入”法试商时，先估计商是几位数，进一步理解、掌握笔算方法；调商时，估计商的最高位是几位数，熟悉试商方法，这就使口算、笔算、估算相互支持，不仅有利于学生逐步形成必要的计算技能，而且有利于提高学生的估算能力。

【测评统计】

表 8-22　四片区学校测试情况统计表

区域	考生人数（人）	正确人数（人）	正确率
西片	1114	871	78.19%
东片	940	675	71.81%
南片	684	489	71.49%
中片	853	720	84.41%

表 8-23　四片区学校两次抽测正确率统计表

区域	第一次抽测正确率	第二次抽测正确率
西片	47.04%	78.19%
东片	58.09%	71.81%

续表

区域	第一次抽测正确率	第二次抽测正确率
南片	52.49%	71.49%
中片	67.53%	84.41%

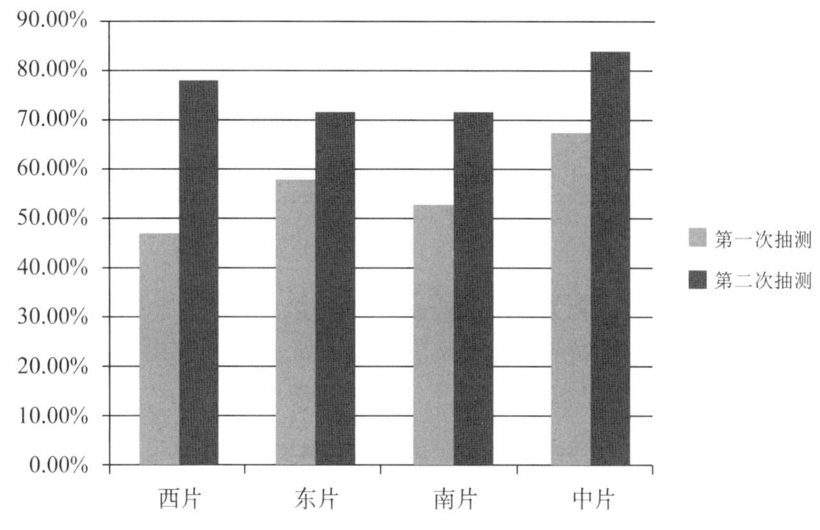

图 8-11　四片区学校两次抽测正确率统计图

【测评分析】

为加强比较，这次抽测人群和上次完全一样，正确率达 76.72%。比较两次抽测结果，各片区估算能力有明显提高，虽然总体正确率还不是很高，但我相信随着研究的深入和夯实，学生的估算能力肯定还会有喜人的进步。

相同的人群测试不同的题目，充分表明根据测试中发现的问题，积极引领教师改进课堂教学，使评价为教学服务，努力促成评和教、学成为一体化。

二、不同的人群测试同一个题目

（一）第一次抽测

例 8-8：

小明的妈妈去超市购物，下面是小票的一部分。

（1）请计算：橄榄和蛋黄酥软糖分别应该花多少元钱？和实收金额比一

比，你发现了什么？

名称	数量（kg）	单价（元/kg）	实收金额（元）
橄榄	1.770	7.60	13.50
蛋黄酥软糖	0.156	36.00	5.60

（2）超市按这种收款方式，士力架每千克74元，0.145千克实收多少元？

【内容情况】

表8-24 例8-8所考察的内容与相关情况

内容领域	具体内容	试题目标	核心素养	关键能力	题型	分值	难度
数与代数	五年级：小数乘法	能进行小数乘法运算；合理取积的近似值	数学运算 数据分析 逻辑推理	实施运算 描述和分析数据合情推理	解决问题	6分	0.6

【出题意图】

五年级第一单元学习小数乘法时，“能根据实际情况用四舍五入法求积的近似值”这一知识点常被忽略，对于学习第三单元小数除法时用四舍五入法求商的近似值有负迁移。小数乘法的练习本就枯燥，如何使学生结合具体情境，体会学习小数乘法的必要性，又能根据实际情况用“四舍五入法”求积的近似值，对于较复杂的数据，如何能分析数据，得出规律，运用于解决实际问题中，从而体验学习数学的价值，为此，设计了此道测试题。

本题采用真实的数据，通过小数乘法的计算：

（1）$\begin{cases}7.60\times1.770=13.452\approx13.45\text{（元）}\\36.00\times0.156=5.616\approx5.62\text{（元）}\end{cases}$ 在收付现款时，通常只算到“分”，即保留两位小数。

比较实收金额发现：超市收款时四舍五入精确到角。

（2）$74\times0.145=10.73\approx10.70$（元）根据实际情况四舍五入精确到角。

此题引导学生结合实际求积的近似值。通过第（1）（2）题使学生意识到求积的近似值的必要性和现实性，能根据实际情况合理取近似值，取近似值以“四舍五入法”为主。

（二）第二次抽测

此试题于 2019 年开始施测，效果不尽人意。基于此，我设计了一节巩固课，亲自备课、上课，科学引领，于 2020 年再次进行抽测。

【测评统计】

表 8-25　“合理取积的近似值”两次测试正确率统计表

单位	2019 年测试正确率	2020 年测试正确率
县直 1	81. 25%	85. 39%
县直 2	62. 30%	73. 48%
乡镇 1	58. 96%	71. 02%
乡镇 2	53. 78%	73. 00%

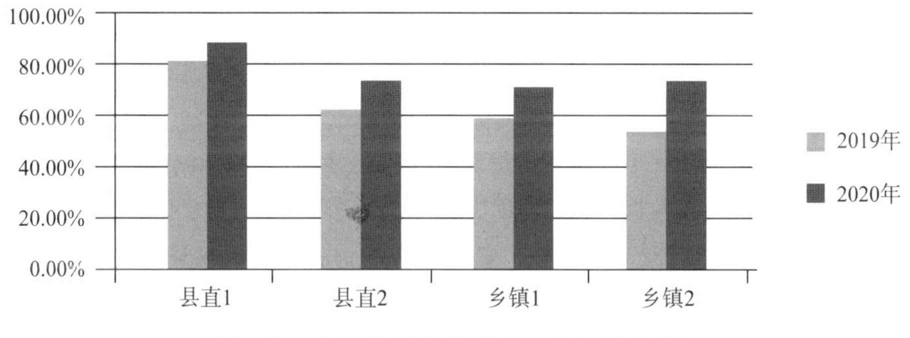

图 8-12　“合理取积的近似值”两次测试统计图

【测评分析】

从上面的图表中可以看出，2019 年除一个县直学校测试情况良好外，其他三个被测单位在数据分析、逻辑推理素养方面存在欠缺。具体表现是学生的小数乘法计算出错率较低，计算结果为三位小数，一部分学生没有四舍五入保留到“分”；和实收金额比较时，一大部分学生不能发现超市收款时四舍五入精确到角；第（2）题题目明确为：“超市按这种收款方式，士力架每千克 74 元，0. 145 千克实收多少元？”学生计算的结果自然不能精确到角，这说明学生描述和分析数据、合情推理的能力有待进一步培养。

我把这节课设计成一节巩固课，依据巩固课的“四步”教学模式，重在引导学生对于数学运算的结果进行数据分析，通过归纳、类比等，自主获得简单的数学发现（见图 8-13）。

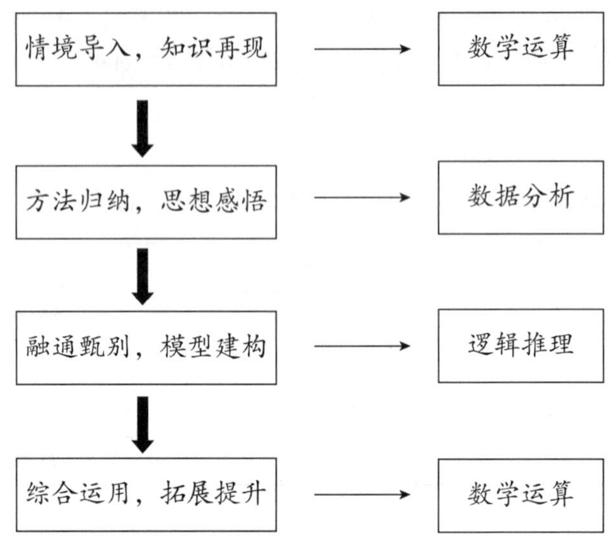

图 8-13　巩固课的“四步”教学模式

一年后，2020 年再次施测，抽测单位的正确率均超过 70%，并且各单位之间的差距在明显缩小，上浮最大的达 19.22%，这充分说明数据分析、逻辑推理素养中的描述和分析数据、合情推理这两项关键能力学生有明显提高。

不同的人群测试同一个题目，表明教学评一体化应指向有效教学。教学“有效”的唯一证据在于目标的达成，巩固课的“四步”教学模式再次证明数学概念思维的培养能促成课程目标的达成，同时更有利地证明教学评一体化能促使教学“有效”。

三、不同的人群测试不同的题目

（一）第一次抽测

例 8-9：

某家具厂要在一块边长为 2 米的正方形木板上，锯一个最大的圆板用来做餐桌面。

（1）这个圆形餐桌面的面积是多少平方米?

（2）你知道为什么设计成圆形桌面吗?

（3）如果要把这个圆形餐桌设计成转桌，还需要一块圆形玻璃作为旋转桌面。已知旋转桌面的半径是0.8米，求木板桌面比旋转面大多少平方米？

【内容情况】

表8-26　例8-9所考察的内容及相关情况

内容领域	具体内容	试题目标	核心素养	关键能力	题型	分值
图形与几何	六年级：圆	掌握圆的面积公式，并能解决简单的实际问题；同一圆中的半径的关系	直观想象 数学抽象	空间观念 抽象出图形	解决问题	7分

【出题意图】

六年级第五单元学习圆的相关知识，这一单元明确要求“探索并掌握圆的面积公式，并能解决简单的实际问题”，并且在学习过程中通过素材体现数学文化价值，使学生感受数学文化魅力。这个时代的学生看到最多的是圆桌，很少经历过从方桌变圆桌、从圆桌变转桌的过程，为使学生运用圆的面积公式解决实际问题中，感受其中的数学文化价值，于是设计了此道测试题。

【测评统计】

系统随机抽取两处县直小学和农村小学，统计如下：

表8-27　六年级第（1）题统计表

学校	学生人数（人）	正确人数（人）	正确率
县直1	54	50	92.59%
县直2	40	40	100.00%
农村1	44	36	81.82%
农村2	43	38	88.37%

【测评分析】

第（1）题是在正方形木板上截取一个最大的圆面，此题无论是县直学校还是农村学校，正确率均高于80%，充分说明在正方形里截取一个最大的圆这一知识点，学生掌握得不错。

【测评统计】

表 8-28　六年级第（2）题统计表

学校	学生人数（人）	正确人数（人）	正确率
县直 1	54	41	75.93%
县直 2	40	34	85.00%
农村 1	44	30	68.18%
农村 2	43	34	79.07%

【测评分析】

第（2）题“为什么设计成圆形桌面?”相对于第（1）题，出错率略高。答案呈现多样化：①放的菜多，圆的面积大；②圆形桌面美观、安全、方便等；③写了一中同长，但解释的不对。①之所以理解为圆的面积大，是与周长相等的长方形、正方形、圆形，圆的面积最大这个知识点混淆。②③出错的学生很难联系到半径相等，即使落到“一中同长”上，也不能灵活地用其解释生活中的实际应用。

【测评统计】

表 8-29　六年级第（3）题统计表

学校	学生人数（人）	正确人数（人）	正确率
县直 1	54	46	85.19%
县直 2	40	29	72.50%
农村 1	44	29	65.91%
农村 2	43	38	88.37%

【测评分析】

第（3）题，把圆形餐桌设计成转桌，重点考查圆环的面积和学生在新情境下解决问题的能力。六年级学生都有在转桌旁吃饭的经验，即见到过转桌，学生需把这条生活经验运用到解决圆环面积的数学问题中，但出错率相对第（1）题也略高。出错原因：①不理解圆环的面积公式，错误理解为环宽的平方乘 3. 14；②用正方形的面积减旋转桌面的面积；③只求出了旋转桌面的面积。出现错误①的学生是圆环的面积这一知识点没有学会。②③出错的学生不能把实际生活中的圆环和数学课本上的圆环联系起来，这就是空间观念没能有效建立。

【测评统计】

表 8-30　六年级测试题正确率统计表

题目	第（1）题	第（2）题	第（3）题
县直 1	92. 59%	75. 93%	85. 19%
县直 2	100. 00%	85. 00%	72. 50%
农村 1	81. 82%	68. 18%	65. 91%
农村 2	88. 37%	79. 07%	88. 37%

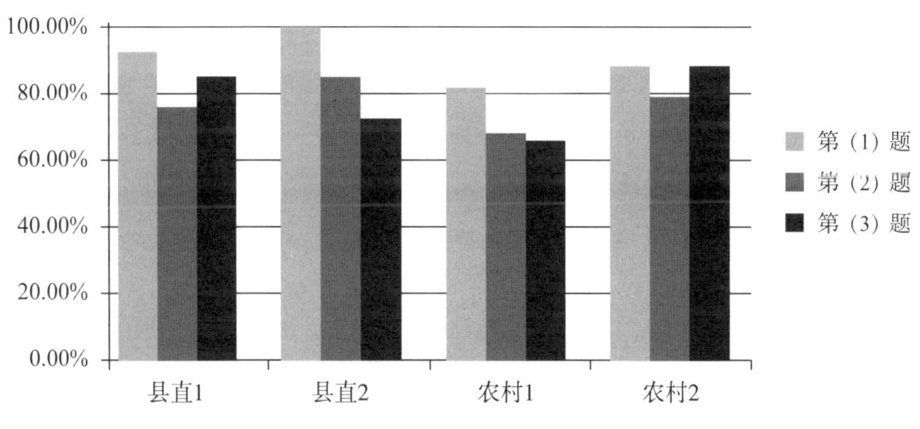

图 8-14　六年级测试题四处小学的正确率统计图

【测评分析】

此题是考查学生空间观念的题目，通过统计，无论是县直还是农村小学，四处学校的三个小题正确率均高于 65%，这说明经过大半年的研究，全县学生的空间观念已经得到有效提升。

再次分析这道题的出题初衷，考查的知识点是在正方形里截取最大的圆、桌面为什么设计成圆形、圆环的面积；考查的学生的生活经验是为什么方桌变圆桌、圆桌变旋转桌面；考查的核心概念是培养学生的空间观念。第（2）题出错原因多是放的菜多、圆的面积大，这是因为第（1）题考查在正方形木板上截取是大的圆面，并求圆形餐桌面的面积，这很容易误导学生从面积的因素来回答桌面为什么设计成圆的。第（3）题除考查圆环面积的计算外，还能唤起学生的固有生活经验，无论坐在转桌的哪个方向，都一样能吃到自己喜欢的菜，这就是圆桌变转桌的原因，更加直观体现了一中同长的含义。至此，我突然意识到如果把第（2）和（3）题互换位置，“方桌变圆桌、圆桌变转桌”的层次性体现的更加明确，社会在进步，“一中同长”的含义被挖掘的越深刻，“为什么设计成圆形桌面”的意义使学生在生活中理解得更透彻。于是我在两处学校的两个班级进行了第二次实测。

（二）第二次抽测

例 8-10：

某家具厂要在一块边长为 2 米的正方形木板上，锯一个最大的圆板用来做餐桌面。

（1）这个圆形餐桌面的面积是多少平方米?

（2）如果要把这个圆形餐桌设计成转桌还需要一块圆形玻璃作为旋转桌面。已知旋转桌面的半径是 0.8 米，求木板桌面比旋转面大多少平方米?

（3）你知道为什么设计成圆形桌面吗?

【测评统计】

表 8-31　六年级测试题正确率统计表

题目	第（1）题	第（2）题	第（3）题
学校 1	91.49%	85.90%	83.60%
学校 2	90.50%	82.09%	81.20%

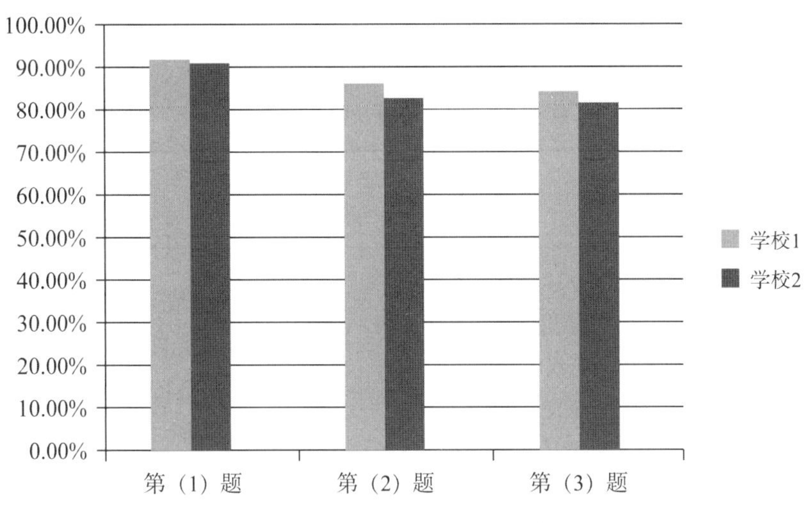

图 8-15　六年级测试题正确率统计图

【测评分析】

从表 8-31、图 8-15 很容易看出，第（2）（3）题交换位置后，学生做对题目的正确率大大提高。这充分说明，第（2）（3）题呈现的先后顺序也是影响学生答题的因素。

看似是试题的出现顺序影响学生的正确率，其实质反映的是评价目标是否与教学和学习目标一致。此题重点考查学生的空间观念，因此试题目标应与教学目标、学习目标密切结合，所以教学评一体化的前提是目标的一致性。

第四节　教学评一体化案例

——《折线统计图》

以上测评方式的演变，是在努力促使总结性评价把教师的教、学生的学整合为一体，而有效的课堂教学是努力呈现教师的教和学生的学的融合过程。以《折线统计图》为例，课前依据概念课型梳理表和概念课型教学设计模板进行备课，课堂教学依据概念课型“四步”教学模式进行上课，完全呈现概念思维的培养过程。

一、课型梳理

表 8-32　五年级概念课课型梳理

年级	课型	核心素养	课程标准	教学内容	落实核心素养教学实施建议
五年级	概念课	直观想象 数据分析 逻辑推理	1. 认识折线统计图，能用折线统计图直观且有效地表示数据。 2. 能从报纸杂志、电视等媒体中，有意识地获得一些数据信息，并能读懂简单的统计图表。 3. 能解释统计结果，根据结果做出简单的判断和预测，并能进行交流。	折线统计图	1. 通过展示统计表，引导学生用统计图表示近 5 年“五一”小长假旅游人数的变化情况。分析学生画出的条形统计图，落实直观想象的核心素养。 2. 通过分析条形统计图，启发学生探究折线统计图，概括比较两种统计图的区别及联系，引导学生学会分析数据做出简单的判断和预测，从而形成和发展学生的数据分析、逻辑推理的核心素养。

二、课堂教学实录

课前小调查：

师：今年“五一”小长假，同学们去哪里游玩了？玩得好吗？

生：……好/累/挤……

师：玩得好说明旅游能使我们放松心情，累说明能让我们强身健体，挤说明旅游的人很多。我们班一共有多少人外出旅游啊？

生举手，师统计。

师：还真不少！既然同学们都很喜欢旅游，那么我们就从旅游谈起。上课！

设计意图：统计问题是常见的生活问题，如何让学生感受统计与现实生活的密切联系，体会统计在生活中的应用价值，在学习数学知识的过程中获得积极的情感教育。因此，本节课选取学生最感兴趣的“旅游中的数学”作为主题，开启学生探究之旅。

（一）提供素材，感知概念

师：同学们，今年是中国共产党建党多少周年？

生：100 周年。

师：这 100 年我们中国发生了天翻地覆的变化，下面让我们用数学的语言来说一说中国的变化吧！课前老师进行了一次小调查，同学们都很喜欢旅游？为什么？

生：很好玩/强身健体/放松心情/增长知识……

师：既然旅游有这么多好处，这节课我们就从旅游中的数学开始谈起。刚才有的同学“五一”去爬泰山时发现人很多，老师也为大家搜集了一些图片，让我们感受一下是不是真的人很多？（课件出示图片）

生齐：人真多！

师：既然同学们感觉到人很多，请猜测：今年“五一”小长假全中国一共有多少人出游啊？

生：14 亿/13 亿/10 亿……

师：刚才的猜测同学们有底气吗？

生：没有。

师：同学们看到图片上人很多，所以往高处猜测。请同学们继续猜测：去年“五一”小长假出游的人数比今年是多还是少？为什么？

生：少，因为有疫情。

师：这次猜测相当有底气，原因是有依据。这节课我们就要学习用数据作为依据，让我们说话有底气。

师：这是老师收集地从 2017 年至 2021 年近 5 年我国“五一”小长假旅游人数统计，并制成统计表。（课件出示表 8-33）

表 8-33 2017~2021 年中国“五一”旅游人数统计表

年份	2017 年	2018 年	2019 年	2020 年	2021 年
人数（亿人）	1.34	1.47	1.95	1.15	2.3

师：为便于统计，老师四舍五入，保留一位小数，作成以下统计表（见表 8-34）。

表 8-34　2017~2021 年中国“五一”旅游人数统计表

年份	2017 年	2018 年	2019 年	2020 年	2021 年
人数（亿人）	1.3	1.5	2.0	1.2	2.3

师：从这个统计表，你能发现哪些数学信息？

生 1：2020 年最少，2021 年最多。

生 2：2017 年 1.3 亿，2018 年 1.5 亿，2019 年 2 亿，2020 年 1.2 亿，2021 年 2.3 亿。（师用手势表示增减变化）

师：经过观察，发现 2021 年出游人数最多，2020 年人数最少，其他 3 年出游人数一样吗？你能试着用统计图表示这 5 年的人数变化情况吗？

生：不一样。能用条形统计图。

师：请同学们在学习单上试一试，表示这 5 年的人数变化情况。

【思考】兴趣是求知的向导，是学习的动力。教学从现实的素材入手，创设数学问题情境，激活了学生头脑中有关统计的经验，把数学知识与现实生活结合起来，有效激发了学生学习的热情。

（二）实践操作，探究概念

展示学生作品，见图 8-16：

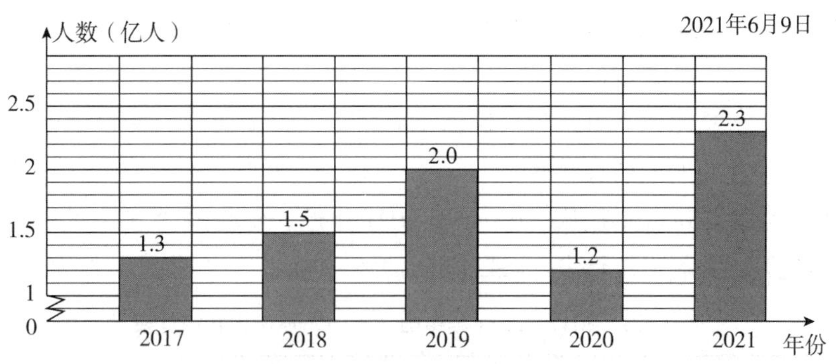

图 8-16　2017~2021 年我国“五一”假期旅游人数情况统计图

师：这位同学画的是什么统计图？从这个统计图你能一眼看出什么？

生：条形统计图。能一眼看出 2021 年的人数最多。

师：你是怎么看出来的？

生：条的长短。

师：条形统计图中条长表示人多，条短表示人少。即：条形统计图表示数量的多少。

展示学生作品，见图 8-17：

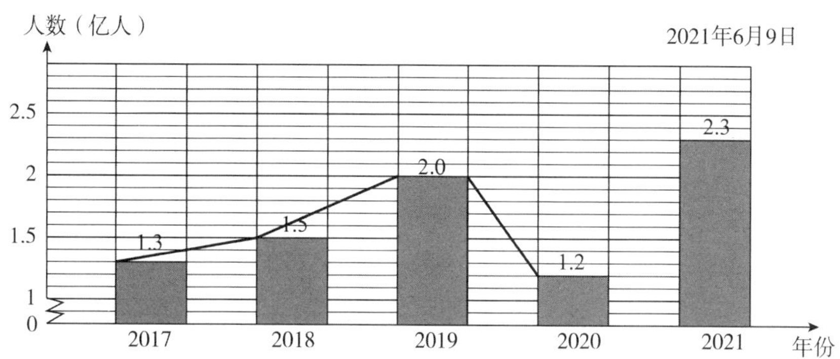

图 8-17 2017~2021 年我国“五一”假期旅游人数情况统计图

师：这位学生的作品比刚才的条形统计图多了什么？

生：多了表示数据多少的线。

师：我们来看图 8-16 和图 8-17 的区别。图 8-17 中 2017 年的“条”和 2018 年的“条”连上线了，2017 年的左端和 2018 年的左端连起来表示 2018 年比 2017 年增加的人数，老师把 2017 年的右端和 2018 年的右端连起来，可不可以表示 2018 年比 2017 年增加的人数呢？

生：不可以。

师：2017 年顶端线段上的每个点都表示 1.3 亿，2018 年顶端线段上的每个点都表示 1.5 亿，把两条线段的右端连起来表示不表示 2018 年比 2017 年增加的人数呢？

生：可以。

师：那么表示 1.3 亿的中点和 1.5 亿的中点连起来，或者是 1.3 亿这条线段上的任意一点和 1.5 亿这条线段上相应的点连起来，可不可以？

生：可以。

师：既然这些点都可以，那么我们把 2017 年表示 1.3 亿上的所有点汇聚成一个点和 2018 年连起来，是否表示的更直观呢？

屏幕展示：动态演示条形变窄成一条线，只有这条线上的顶点才表示 1.3 亿，然后再把线浓缩成一个点；同样道理，2018 年的条形变成一条线，再把线压缩成一个点；以下类同，每年的旅游人数都变成了一个点，统计图瞬间简捷明了（见图 8-18）。

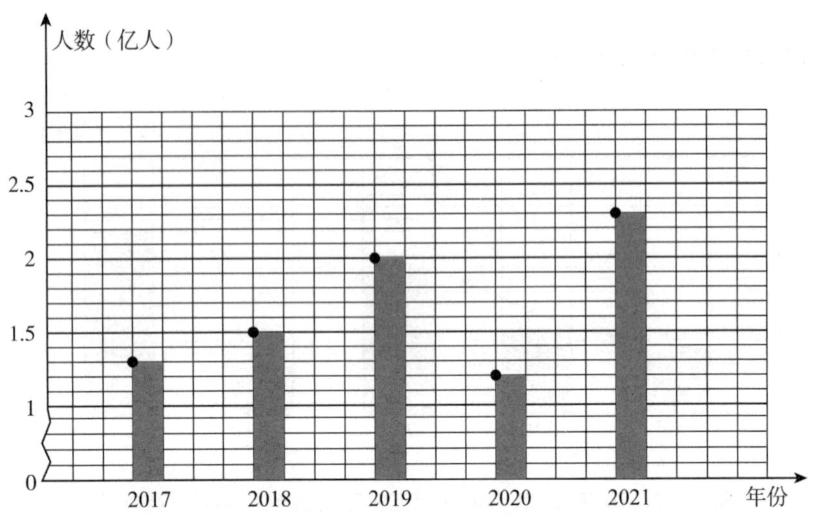

图 8-18 演变后的统计图

师：这些点是怎么描出来的？我们以 2017 年为例。动态演示表示 2017 年 1.3 亿的点的绘画过程。先找到 2017 年所在的直线，再找到表示 1.3 亿的横线，两条线的交点就表示 1.3 亿（见图 8-19）。并请学生重述表示 2017 年的点的描绘过程，进而描述表示 2018 年 1.5 亿的点的形成过程。

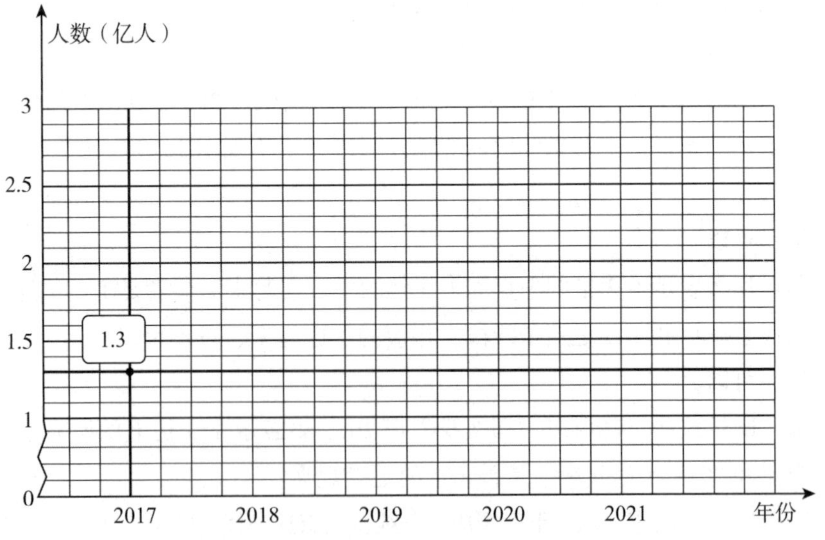

图 8-19 2017 年 1.3 亿的点的展示图

师：请同学们描出所有的点，并表示出这5年的人数变化。

【思考】我一向主张“以学定教”，教师的“教”服务于“学”，本环节较好地体现了这一理念。《折线统计图》是在学生学习了统计表和条形统计图的基础上引入对单式折线统计图的学习，通过比较学生作品，启发学生在条形统计图的基础上连线，初步感知折线统计图，然后借助课件的动态演示，在观察、感悟中体会、总结折线统计图的绘制步骤。这样的设计旨在找准学生的知识生长点，让学生经历折线统计图的形成过程，培养学生解决问题的能力。

（三）感受特性，抽象概念

展示学生作品，然后课件展示描点、标数、连线过程。

师：现在形成的统计图和条形统计图有什么不同？（课件出示图8-20）

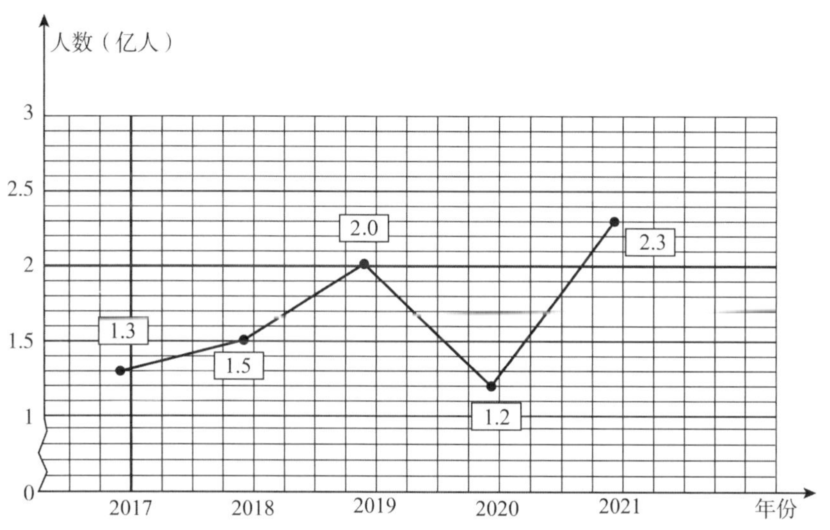

图8-20 修改后的统计图

生1：比条形统计图多了点和线。

师：你知道这些点表示什么？这些线表示什么吗？

小组讨论：（1）读点，它能告诉我们哪些数学信息？（2）读线，它能告诉我们哪些数学信息？（见图8-21）

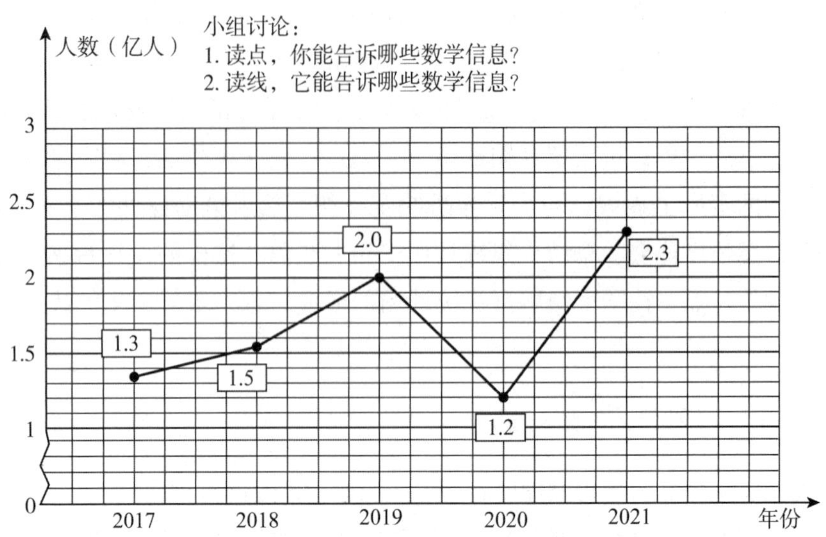

图 8-21　小组讨论修改后的统计图

小组汇报：

生：读点，能告诉我们数量的多少。

读线，能告诉我们旅游人数的变化/增减变化/趋势。

师：这些线是一样的吗？

生：不一样，有的上升，有的下降。如：2017～2018 年是上升，2018～2019 年是上升，2019～2020 年是下降，2020～2021 年也是上升。

师：这位同学说得真精准！那么这些上升的线一样吗？

生：不一样，有的长，有的短。

师：长说明什么，短说明什么？

生：长说明增减得多，短说明增减得少。

师：太棒了！还能发现什么？

生：有的线段陡。

师：陡说明什么？

生：变化得快。

师：同学们真有一双善于发现的眼睛！简单的统计图，让我们发现太多的信息，那我们给这个统计图起个名字吧。

生 1：点线统计图。

生 2：折线统计图。

师：第一位同学说得很形象，第二位同学能说说起这个名字的理由吗？

生 2：这个统计图很像一条条折断的线，所以叫作折线统计图。

师：说得可真好！请坐。这个统计图还真是折线统计图。

【思考】在观察、比较、讨论交流中，学生对折线统计图的认识逐渐深入，通过小组讨论，学生逐渐感受着折线统计图与条形统计图的区别，体会着折线统计图在表示数据变化时所发挥的作用，从而根据图形抽象出折线统计图的概念，并从中获得积极的价值体验。

（四）解决问题，运用概念

师：根据这个折线统计图，请预测 2022 年的旅游人数比今年多还是少呢？

生：多！

师：怎么这么自信呢？依据什么？

生：近 5 年"五一"小长假我国出游人数呈上升趋势。

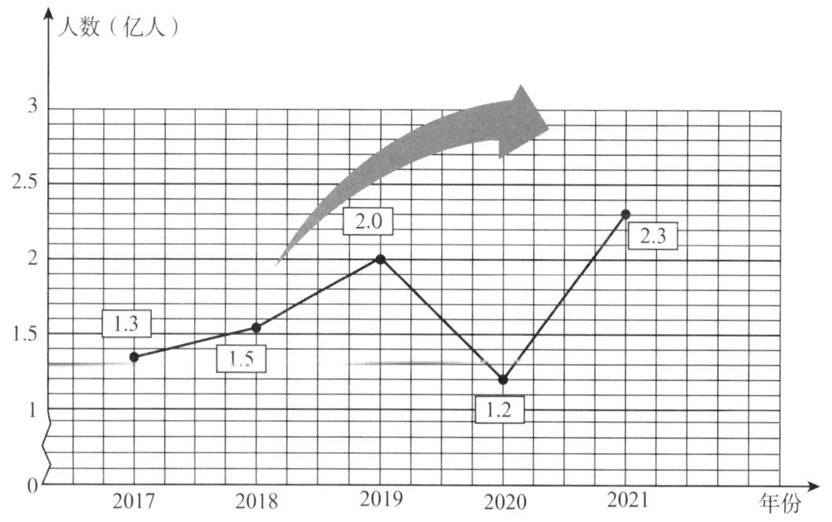

图 8-22　近 5 年我国"五一"小长假出游人数上升趋势图

师：既然这位同学说到上升趋势，那我们就共同分析他说的对还是不对。人们外出旅游最先需要的是什么？

生：人民币。

师：同学们大多是城镇人口，那我们首先分析城镇人口的可支配收入情况。用数据说话，课件展示国家统计局收集的 2013 年至 2020 年的人均可支配收入图（见图 8-23）：

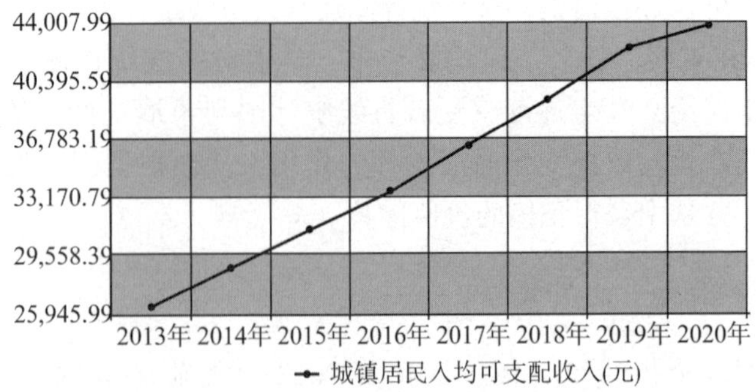

图 8-23　2013~2020 年我国城镇居民人均可支配收入统计图

师：分析这个折线统计图，能发现什么？

生：人们的可支配收入一直在上升。

师：上升的情况相同吗？为什么？

生：不同，2013~2019 年呈直线上升，2020 年上升的有点缓。因为有疫情。

师：但总体上呈什么趋势？这说明什么？请预测明年人们的可支配收入是更多还是更少呢？

生：呈上升趋势，这说明疫情对经济有影响，但影响不大，所以预测明年人们的可支配收入会更多。

师：你真有一双善于发现的眼睛，通过预测，我们明年手里的钱会更多，那么可以推测明年会有更多的人的出游吗？今年“五一”，全世界很多国家的人们都很有钱，他们敢出游吗？为什么？

生：不敢，因为疫情。

师：太好了，你是生活中的有心人。我们还是用数据来说话，这是截止到 2021 年 6 月 7 日的疫情统计图，并说明理由。

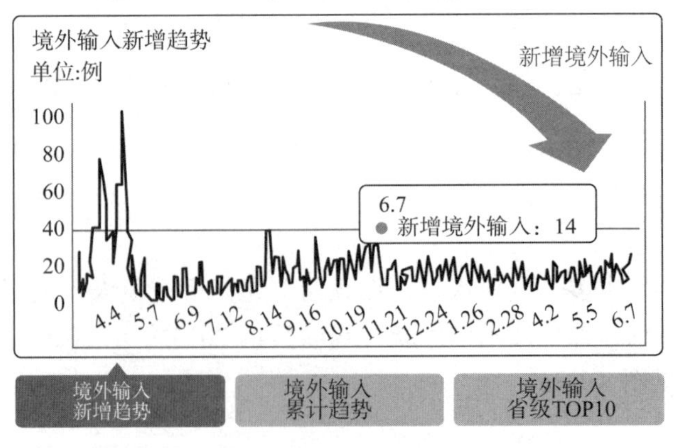

图 8-24　新冠肺炎病例境外输入新增趋势图

生：疫情总体呈下降趋势。因为我国的疫情得到有效控制，入境人员有专门的隔离政策，并且有追踪路线，即使入境人员携带病毒，也可以用最短的时间缩小在最小的范围。

师：真完美！你不愧是中国的小主人，老师真为你骄傲！刚才大家分析的有理有据，因为有数据，所以我们可以自豪地说："明年'五一'小长假我国旅游人数肯定会增加！"此时此刻，谁还想说点什么？

生1：作为中国人，我感到骄傲与自豪！

生2：我们的国家越来越富强！我们的生活越来越美好！

……

师：听着同学们的发言，我很激动，这节课通过分析数据，不仅让我们说话底气十足，而且让我们深刻感受到我国经济的飞速发展、人们生活水平的提高。我们生活在一个大数据的时代，希望同学们在今后的学习中学会用数学的眼光来发现数据，用数学的思维来分析数据，用数学的语言来描述数据，你才会更深刻感受到我国的变化越来越大，作为中国人我们感到更加骄傲与自豪！

【思考】通过分析城镇居民人均可支配收入、疫情控制情况，使学生经历分析、预测的过程，发展了学生的数据分析观念，培养了学生发现问题、解决问题及进行合理预测的能力，以此唤起学生强烈的爱国主义精神。

第五节　教学评一体化实践反思

《义务教育数学课程标准（2011 年版）》中明确提出：学习评价的主要目的是为了全面了解学生数学学习的过程和结果，激励学生学习和改进教师教学。本书中的初期、不同课型、跟进式测评都属于总结性评价，在此不再赘述。而项目组研制的教师教的标准、学生学的标准、评价标准，属于过程性评价，下面以《折线统计图》为例，运用评价标准，呈现课堂教学过程中的教学评一体化。

一、教师教的标准

表 8-35　以“二维三层八指标”检测教师的教

评价维度	评价指标		水平层级
			优秀
教学设计	教材分析与核心素养		1. 教材分析合理，在条形统计图基础上探究折线统计图，知识结构脉络清晰。 2. 课时目标明确，掌握教材的编排依据，能把教学内容与课程标准有效对接。 3. 核心素养清晰，掌握概念课型的特点，能将所承载的数学核心素养与课程标准进行对接。
	学情分析与核心素养		1. 找准学生学习起点，了解学生已有旅游经验和现有条形统计图认知基础。 2. 明确数学核心素养，本课需要培养直观想象、数据分析、逻辑推理。
	教学目标		教学目标描述科学、准确，能有效对接课程标准的课时目标，充分落实相应的数学核心素养。
	课堂教学规划	提供素材，感知概念	1. 以旅游中的数学为素材，激发学生学习兴趣，调动学生潜能。 2. 创设数学问题情境，激活了学生头脑中有关统计的经验，把数学知识与现实生活结合起来，初步感知概念。
		实践操作，探究概念	1. 充分调动多种感官参与由条形到折线的操作探究过程，为学生创设了充足的探究空间。 2. 学生尝试画统计图的实践操作活动设计有效，能激发学生的探究欲望。 3. 在条形变折线时，正是学生意见不同处、思维断层处，教师适时点拨，使学生的思维不断碰撞、智慧不断交锋，引导学生深入探究概念。
		感受特性，抽象概念	1. 巧设小组讨论，引发学生深刻感受折线统计图的特性，思考其概念的内涵。 2. 小组汇报能引发学生用数学语言描述折线统计图的点和线的特点，理解其概念本质，逐渐抽象出折线统计图的概念。
		解决问题，运用概念	分析我国的经济和疫情，理解其概念的外延，构建折线统计图的模型。

续表

评价维度	评价指标	水平层级
		优秀
教学活动	教师活动	1. 选材新颖，提问适度，时机适当，注重启发，面向全体。 2. 探究概念，活动明确，过程真实，方法科学，调控进度。 3. 感受特性，及时引导，交流提炼，逐渐抽象，生成概念。 4. 解决问题，拓展适当，合理预测，构建模型，落实素养。
	设计意图	深刻领会核心素养内涵，对照概念课型梳理表，依据核心素养教学实施建议，进行个性化添加，科学开展教学设计。
	教学效果	关注学生课堂生成，重视学生习得过程，能有效达成预设目标，形成和发展学生数学抽象、逻辑推理、数学建模的核心素养，真正达到了“立德树人”的教学效果。
	评价	教师对学生的表现能适时评价，评价方式多样、评价语言丰富，对课堂教学起到激励、反馈和调控作用。

二、学的标准

表 8-36 以“四步四维三层级”检测学生的学

“四步”教学	评价维度	评价指标
		优秀
第一步	发现问题，提出问题	1. 学生能在旅游的情境中迅速发现数学信息，并提出数学问题。 2. 根据提出的问题，能精准分类并提炼本节课需要解决的问题。
第二步	独立思考，合作交流	1. 学生能独立画出条形统计图，并会用语言准确描述自己的观点。 2. 能认真倾听他人的观点并积极思考，由“条”变成“点”。 3. 探究“条形”变“折线”，有效理解新概念。
第三步	提炼内涵，描述概念	1. 通过小组讨论从探究到内化，明确“点和线”的含义。 2. 通过小组汇报，加深对“线”的理解。 3. 通过师生互动，实现由“表象概念”向“本质概念”的深入，促使概念清晰化。

续表

"四步"教学	评价维度	评价指标
		优秀
第四步	内化新知，拓展应用	1. 学生会用折线统计图来分析、预测我国明年的经济和疫情，使学生的数据分析观念、逻辑推理能力得到真正发展。 2. 通过分析经济和疫情的变化，激发学生的爱国主义情感，实现"立德树人"的育人效果。

三、评价标准

表 8-37　以"三维三层十一指标"评价课堂教学效果

评价维度	评价指标	水平层级
		优秀
教学目标	知识与技能	1. 能使学生结合旅游情境理解折线统计图的内涵。 2. 引导学生手脑并用，在自主探索、合作交流、动手实践中经历折线统计图的形成过程。 3. 能使学生熟练运用折线统计图，做出正确预测和推断。
	数学思考	1. 为学生创设独立思考的空间，找准学生知识的生长点。 2. 结合具体情境探索折线统计图本质，发展学生推理能力。
	解决问题	引导学生经历折线统计图的形成过程，培养学生解决问题的能力。
	情感态度	1. 能使学生积极参与折线统计图的探究活动，增强学好数学的信心。 2. 能使学生体会折线统计图与生活的密切联系，感受学习折线统计图的必要性。

续表

评价维度	评价指标		水平层级
			优秀
教学活动	第一步	创设与发现	1. 创设旅游情景，有效激发了学生学习的热情。 2. 猜测无依据，发现问题，感受用数据说话的重要性。
	第二步	探究与点拨	1. 找准知识生长点，在条形上连线表示人数变化，促进学生深入探究。 2. “条”变“点”，教师适时点拨，使实践操作逐渐直向抽象提升。
	第三步	生成与掌控	1. 由实践操作到抽象概念，学生经历折线统计图生成过程。 2. 在学生思维断层处，教师灵活掌控，高度重视学生的概念生成，实现“以学定教”的教育理念。
	第四步	评价与反思	1. 在折线统计图习得过程中，教学评价时机得当，评价方式多样，科学客观。 2. 学生的兴趣、态度、意志、合作、分享等非智力因素得到培养，充分落实“立德树人”育人目标。
教学效果	掌握必备知识		完成教学任务，认识折线统计图，达到预定目标。
	培养关键能力		经历折线统计图的生成过程，有效培养学生的数学抽象、数学建模等关键能力。
	体现核心价值		完成“立德树人”育人目标，有效培养学生的理性思维、科学精神，帮助学生形成正确的人生观、价值观、世界观。

通过用教师教的标准、学生学的标准、评价标准来检测检测核心素养与课程目标的达成度，解读了数学概念思维在课堂教学中的教学评一体化。总之，无论是过程性评价还是总结性评价，两者均以清晰的目标为统领，使教、学、评融为一体，真正形成了教学评一体化。

只因有研究，我才敢坚持

由德州市教科院主办、平原县教育和体育局承办，山东省基础教育教学改革项目基于核心素养下的小学数学课堂教学标准建设研究德州市成果推进会于2020年12月召开，这意味着我们的研究成果要接受全市教育同仁的检阅，如果能得到肯定，预示着我们的研究成果将在更大范围推广，所以项目组倍加珍惜和重视！

一、推进会前的准备

第一，推进会展示课例缩定在概念课、运算课、规律课。因为我县距离2018年纵向研究成果推广整3年，毕竟我县教师习惯于纵向研究，还不习惯把数与代数和图形与几何的概念课融为一体，所以概念课选择《分数的意义》和《圆的认识》，运算课选择《两位数乘两位数的笔算（不进位）》，规律课选择《圆的周长》。

《分数的意义》和《圆的认识》是小学高段典型的概念课，这两节课通过展示概念思维的形成过程，落实数学抽象和数学建模的核心素养，五、六年级的学生是经历纵向、横向研究的双重学生，经过多年的培养，我县的小学生关于这两大核心素养的培养和落实情况到底如何，确实到了接受大家检阅的时刻了。运算课教学重在算理的探究和理解，从一年级的小棒到三年级的点子图再至五年级的单位换算，大体经历的是由直观想象到数学建模的过程，重要的是落实数学运算的核心素养，所以选择了三年级的运算课。规律课重在培养学生的逻辑推理和数学建模，经过6年的培养，小学生应该有很好的体现，所以选择六年级的规律课。这两节课的课堂教学重在展示概念思维在运算课、规律课的应用。

第二，执教教师选择。首先都是市级优质课或教学能手获得者，并且选手的单位是我县小学数学最强势的团队，有集体磨课的能力和氛围，还要是我们项目组的主要负责人和实验教师，充分了解项目研究的进程，所以这样的执教教师有足够的经验和能力来上好观摩课。肖老师曾荣获山东省教育学会小学数学教学研究专业委员会教学先进工作者、山东省电教优质课一等奖、德州市教学能手、市级优秀教师、市级基本功大赛一等奖、市级优质课一等奖等，也是本项目的主要负责人，因此，这节课由肖老师来展示。

二、课例打磨过程中遇到分歧

概念课、运算课的打磨在紧锣密鼓、有条不紊地进行着，而规律课《圆的周长》的最初设计我不认同。具体分歧是：第二环节合理猜想，探究规律，肖老师认为当学生猜出圆的周长是直径的 3 倍时，应该用割圆术去验证，圆的周长确实是直径的 3 倍多一些，然后通过测量，进一步验证圆的周长与直径的关系，进而用数学史感悟数学文化。我强烈反对，因为规律课的学习就是要让学生经历规律的探索过程，如果先用割圆术验证，再让孩子测量推导公式，相当于把规律直接告诉了学生，操作失去了探究的必要性。如果让学生经历整个规律的探究过程，再用古人的方法加以验证，那么孩子的探究欲望就会大大提高。看似两个课堂环节的调换，其实意义重大，它关系着规律课的课堂教学模式的构建和规律课的本质。

肖老师实力强劲，我一直心存敬佩，可就是这次，我们的课堂教学设计出现了分歧，将肖老师的称作“修改前的思路”，我的称作“修改后的思路”，具体呈现如下：

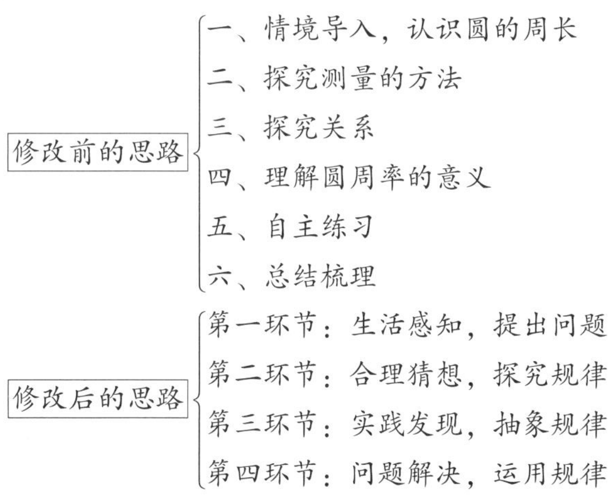

比较修改前、后的教案，现在看来很明显，修改后的教案设计更清晰合理，充分体现规律课的特点，更易于发展学生的逻辑推理、数学抽象的核心素养。

三、坚持的理由

肖老师的执着精神至今使我感动，但我也有坚持的理由。

一是实践经验。本学期全县重点研究规律课，截至目前，规律课听、评课不下40节课，对于学生课前的认知水平、课堂中的表现和生成、课后的效果，我都有比较充分的了解；对于规律课的相关文献在中国知网查阅了32篇、对比3种教材、研读皮亚杰发展理论，这些都让我对学情有充分的实践经验。

二是课程目标。通过操作，了解圆的周长与直径的比为定值，掌握圆的周长公式。“了解”“掌握”是描述结果目标的行为动词。了解：从具体实例中知道或举例说明对象的有关特征；根据对象的特征，从具体情境中辨认或者举例说明对象。掌握：在理解的基础上，把对象用于新的情境。

三是教材分析。《圆的周长》是学生在三年级上册学习了周长的一般概念以及长方形、正方形周长计算，并初步认识了圆的基础上进行教学的。它是学生初步研究曲线图形的基本方法的开始，也是后面学习圆的面积以及今后学习圆柱、圆锥等知识的基础，是小学几何初步知识教学中的一项重要内容。通过本节课的学习，进一步培养学生动手实践、团结协作、解决问题的能力。学生在学习测量方法的过程中体会化曲为直的思想方法，研究圆周长与直径关系时发展学生几何直观能力，并完成圆周长计算公式的数学建模，体会和理解数学与外部世界的联系。

四是学情分析。学生已经认识了周长的含义，并学习了长方形、正方形的周长的计算。知道圆是日常生活中常见的图形，可通过直观演示、实际操作帮助学生解决问题。但圆是曲线图形，是一种新出现的平面几何图形，这在平面图形的周长计算教学上又深了一层。特别是圆周率这个概念也较为抽象，探索圆周率的含义以及推导圆周长计算公式是教学难点，学生不易理解。因为上课班级是五年级学生，孩子们分数的意义、分数乘除法、比的意义、求比值等知识均没有学习，孩子的知识障碍是本节课最突出且不容易克服的难点。

五是课型特点。规律课教学就是让学生经历发现规律和探究规律的过程，建立发现和猜想的自觉意识，感受数学中变与不变的思想方法，养成主动思考的习惯，发展学生的逻辑推理和数学抽象的核心素养。小学阶段要探究的数学规律主要集中在数与代数、图形与几何两大领域，在图形与几何领域中《圆的周长》是典型的规律课。因此，要体现从特殊到一般的推导过程，运用分类枚举、实验论证、推理论证的方法展开研究得到结论，即使学生经历“合理猜想、探究规律，实践发现、抽象规律”过程，这就是抓住规律课的本质，抽象概括规律的过程，因此，这个过程必须要呈现。

四、坚持《圆的周长》这样设计

第一环节：教师引导学生从实际生活中抽象出圆的周长，有效利用学生已有的认知经验，提出问题：圆的周长与什么有关系？

第二环节：教师引发学生进行合理猜想：圆的周长与直径、半径有关。依据猜想，学生自主探究测量圆的周长，探究过程中，调动学生多种感官参与测量的实践活动。在此，为学生创设充足探究规律的空间。

第三环节：通过对大小不同的圆的周长和直径进行测量，经历对数据的汇总、观察、比较、计算、分析，用数学的思维方式去发现蕴藏在数据背后的规律：尽管圆的大小不同，但圆的周长都是直径的3倍多一点。

再现逼近，感悟极限思想。借助课件动态展示刘徽的“割圆术”，从正六边形到正九十六边形，正多边形无限接近圆，进而感悟无限逼近的极限思想。这种极限思想的感悟，对学生后续学习圆的面积、圆柱体积等都具有重要的意义和价值。

根据以上的实践发现和动态演示，学生对规律已有充分认识，然后鼓励学生用数学的语言抽象抽象出圆周率，进而得出圆的周长公式。

第四节环节：运用圆的周长 $C=2\pi r$，解决回音壁前喊话的实际问题。

总之，让学生经历“猜想—验证—发现圆周率—抽象圆的周长公式”的过程，再现建模过程，实现圆的周长公式模型的主动建构，展示学生的概念思维过程，将数学史融入探究、抽象规律的过程中，有助于拓展学生的数学思维方法，使学生更加深刻地感受到数学文化的魅力和博大精深。

这样的规律课，才是我想要的规律课，虽然众多的课堂教学没有以这样的顺序出现，但是我坚持自己的思路，我就是想让学生经历完整的规律探究过程，从而完成规律的建构，因为这就是规律课的样子。

肖老师按我的思路上了两次课，一开始不是很成功，她很郁闷，我除了鼓励，依然坚持。我了解肖老师的性格——执着而又富有挑战精神，无论困难多大，她都能够迎难而上，尽力克服。肖老师经过坚持不懈的努力，最终上出了我想要的课堂效果。当所有与会专家和德州市的教育同仁们一致认为《圆的周长》这节课最有说服力时，我心中的自豪感油然而生！8年了，这种久违的感觉让我倍加珍惜和感动，打铁还需自身硬，只因有研究，我才敢坚持！

参考文献

一、专著

[1] 鲍建生、周超：《数学学习的心理基础与过程》，上海教育出版社2009年版。

[2] 曹才翰、章建跃：《数学教育心理学》，北京师范大学出版社1999年版。

[3] 曹一鸣主编：《数学教学论》，高等教育出版社2008年版。

[4] 崔允漷主编：《有效教学》，华东师范大学出版社2009年版。

[5] 陈晓芬、王国轩、蓝旭、万丽华译：《四书》，中华书局2017年版。

[6] 傅海伦：《数学教育发展概论》，科学出版社2001年版。

[7] 经济合作与发展组织编：《为了更好的学习：教育评价的国际视野》，窦卫霖等译，上海教育出版社2019年版。

[8] 康乃美、蔡炽昌等：《中外考试制度比较研究》，华中师范大学出版社2002年版。

[9] 李士锜编著：《PME：数学教育心理》，华东师范大学出版社2001年版。

[10] 马云鹏、孔凡哲、张春莉编著：《数学教育测量与评价》（第2版），北京师范大学出版社2020年版。

[11] 马云鹏、孔凡哲、张春莉主编：《数学教育测量与评价》，北京师范大学出版社2009年版。

[12] 裴娣娜主编：《教育科学研究方法》，辽宁大学出版社1999年版。

[13] 皮连生主编：《学与教的心理学》，华东师范大学出版社2009年版。

[14] 王光明、范文贵主编：《新版课程标准解析与教学指导·小学数学》，北京师范大学出版社2012年版。

[15] 王永春：《小学数学核心素养教学论》，华东师范大学出版社2019年版。

［16］吴亚萍：《中小学数学教学课型研究》，福建教育出版社 2014 年版。

［17］义务教育学科核心素养与关键能力研究项目组编：《义务教育学科核心素养·关键能力测评与教学》，江苏凤凰科学技术出版社 2018 年版。

［18］郑毓信：《数学教育哲学》，四川教育出版社 2001 年版。

［19］中华人民共和国教育部：《普通高中数学课程标准（2017 年版）》，人民教育出版社 2018 年版。

［20］中华人民共和国教育部：《义务教育数学课程标准（2011 年版）》，北京师范大学出版社 2012 年版。

［21］［澳］帕特里克·格里芬、巴里·麦克高、埃斯特·凯尔：《21 世纪技能的教学与评价》，张紫屏译，华东师范大学出版社 2020 年版。

［22］［俄］列夫·维果茨基：《思维与语言》，李维译，北京大学出版社 2010 年版。

［23］［美］拉尔夫·泰勒：《课程与教学的基本原理》，罗康、张阅译，中国轻工业出版社 2018 年版。

［24］［美］威廉·维尔斯马、斯蒂芬·G. 于尔斯：《教育研究方法导论》，袁振国主译，教育科学出版社 2010 年版。

［25］［美］约翰·杜威：《民主主义与教育》，王承绪译，人民教育出版社 2001 年版。

［26］［美］约翰·杜威：《我们怎样思维·经验与教育》，姜文闵译，人民教育出版社 2005 年版。

［27］［瑞士］皮亚杰：《皮亚杰教育论著选》，卢濬选译，人民教育出版社 2015 年版。

二、期刊论文

［1］蔡俊：《试析学生实验的表现性评定》，《教育实践与研究》2004 年第 5 期。

［2］曹一鸣、刘晓婷、郭衎：《数学学科能力及其表现研究》，《教育学报》2016 年第 4 期。

［3］孔凡哲、史宁中：《中国学生发展数学核心素养概念界定及养成路径》，《教育科学研究》2017 年第 6 期。

［4］任长松：《美国大学入学考试 SAT 与 ACT 对我国高考的启示》，《教育理论与实践》2008 年第 3 期。

［5］任长松：《美国的高考——美国大学入学考试 SAT 深度剖析》，《教育理论与实践》2007 年第 7 期。

［6］吴正宪、孙佳威：《数学关键能力的价值、内涵与培养路径》，《教学月刊》（小学版）2020 年第 11 期。

［7］徐炳炎：《小学开展数学能力分项测评的实践与思考》，《教学与管理》2004 年第 2 期。

［8］余文森：《现行校内考试制度的弊端及其改革》，《黑龙江教育》2003 年第 2 期。

三、学位论文

［1］刘立志：《新课程理念下初中化学纸笔测验改革的研究》，山东师范大学硕士学位论文，2006 年。

［2］张和平：《小学生几何直观能力测评模型的构建研究》，西南大学博士学位论文，2018 年。